Gerenciamento de riscos em projetos

Central de Qualidade — FGV Management
ouvidoria@fgv.br

PUBLICAÇÕES
FGV Management

SÉRIE GERENCIAMENTO DE PROJETOS

Gerenciamento de riscos em projetos

3ª edição

Luiz Antonio Joia

Alonso Mazini Soler

Gisele Blak Bernat

Roque Rabechini Jr.

FGV management

FGV EDITORA

Direitos desta edição reservados à
EDITORA FGV
Rua Jornalista Orlando Dantas, 37
22231-010 — Rio de Janeiro, RJ — Brasil
Tels.: 0800-021-7777 — 21-3799-4427
Fax: 21-3799-4430
editora@fgv.br — pedidoseditora@fgv.br
www.fgv.br/editora

Impresso no Brasil/*Printed in Brazil*

1ª edição, 2006; 1ª e 2ª reimpressões, 2007; 3ª, 4ª e 5ª reimpressões, 2008; 6ª, 7ª e 8ª reimpressões, 2009; 9ª e 10ª reimpressões, 2010; 2ª edição, 2010; 1ª reimpressão, 2010; 2ª e 3ª reimpressões, 2011; 4ª, 5ª e 6ª reimpressões, 2012; 3ª edição, 2013. 1ª e 2ª reimpressões, 2014

Revisão de originais: Sandra Frank
Editoração eletrônica: FA Studio
Revisão: Fernanda Villa Nova de Mello e Fatima Caroni
Capa: aspecto:design
Ilustração de capa: André Bethlem

Joia, Luiz Antonio
Gerenciamento de riscos em projetos / Luiz Antonio Joia... [et al.]. – 3. ed. - Rio de Janeiro : Editora FGV, 2013.
172 p. – (Gerenciamento de projetos (FGV Management))

Em colaboração com Alonso Soler, Gisele Blak Bernat, Roque Rabechini Jr.
Publicações FGV Management.
Inclui bibliografia.
ISBN: 978-85-225-1366-6

1. Administração de risco. 2. Administração de projetos. I. Soler, Alonso Mazini. II. Blak, Gisele. III. Rabechini Júnior, Roque, 1954- . IV. FGV Management. V. Fundação Getulio Vargas. VI.Título. VII. Série.

CDD – 658.155

Aos nossos alunos e aos nossos colegas
docentes, que nos levam a pensar
e repensar as nossas práticas.

Sumário

Apresentação

Este livro compõe as Publicações FGV Management, programa de educação continuada da Fundação Getulio Vargas (FGV).

A FGV é uma instituição de direito privado, com mais de meio século de existência, gerando conhecimento por meio da pesquisa, transmitindo informações e formando habilidades por meio da educação, prestando assistência técnica às organizações e contribuindo para um Brasil sustentável e competitivo no cenário internacional.

A estrutura acadêmica da FGV é composta por nove escolas e institutos, a saber: Escola Brasileira de Administração Pública e de Empresas (Ebape), dirigida pelo professor Flavio Carvalho de Vasconcelos; Escola de Administração de Empresas de São Paulo (Eaesp), dirigida pela professora Maria Tereza Leme Fleury; Escola de Pós-Graduação em Economia (EPGE), dirigida pelo professor Rubens Penha Cysne; Centro de Pesquisa e Documentação de História Contemporânea do Brasil (Cpdoc), dirigido pelo professor Celso Castro; Escola de Direito de São Paulo (Direito GV), dirigida pelo professor Oscar Vilhena Vieira; Escola de Direito do Rio de Janeiro (Direito Rio), dirigida pelo professor Joaquim Falcão; Escola de Economia de São Paulo (Eesp), dirigida pelo professor Yoshiaki Nakano; Instituto Brasileiro de Economia (Ibre), dirigido pelo professor Luiz Guilherme Schymura de Oliveira; e Escola de Matemática Aplicada (Emap), dirigida pela professora Maria Izabel Tavares Gramacho. São diversas unidades com a marca FGV, trabalhando com a mesma filosofia: gerar e disseminar o conhecimento pelo país.

Dentro de suas áreas específicas de conhecimento, cada escola é responsável pela criação e elaboração dos cursos oferecidos pelo Instituto de Desenvolvimento Educacional (IDE), criado em 2003, com o objetivo de coordenar e gerenciar uma rede de distribuição única para os produtos e serviços educacionais produzidos pela FGV, por meio de suas escolas. Dirigido pelo professor Rubens Mario Alberto Wachholz e contando com a direção acadêmica da professora Maria Alice da Justa Lemos, o IDE engloba o programa FGV Management e sua rede conveniada, distribuída em todo o país (ver www.fgv.br/fgvmanagement), o programa de ensino a distância FGV Online (ver www.fgv.br/fgvonline), a Central de Qualidade e Inteligência de Negócios e o programa de cursos corporativos In Company (ver http://www.fgv.br/FgvInCompany). Por meio de seus programas, o IDE desenvolve soluções em educação presencial e a distância e em treinamento corporativo customizado, prestando apoio efetivo à rede FGV, de acordo com os padrões de excelência da instituição.

Este livro representa mais um esforço da FGV em socializar seu aprendizado e suas conquistas. Ele é escrito por professores do FGV Management, profissionais de reconhecida competência acadêmica e prática, o que torna possível atender às demandas do mercado, tendo como suporte sólida fundamentação teórica.

A FGV espera, com mais essa iniciativa, oferecer a estudantes, gestores, técnicos e a todos aqueles que têm internalizado o conceito de educação continuada, tão relevante na era do conhecimento na qual se vive, insumos que, agregados às suas práticas, possam contribuir para sua especialização, atualização e aperfeiçoamento.

Rubens Mario Alberto Wachholz
Diretor do Instituto de Desenvolvimento Educacional

Mario Couto Soares Pinto
Diretor Executivo do FGV Management

Sylvia Constant Vergara
Coordenadora das Publicações FGV Management

Introdução

A economia moderna vive em perene instabilidade, com mudanças sistemáticas, quebras de paradigmas e a necessidade de criação de novos modelos mentais e de negócios. Esse processo de mudança está a reboque das constantes e sucessivas inovações tecnológicas às quais estamos sendo submetidos, seja como indivíduos, seja como empresas. Entre elas, a internet aparece como um divisor de águas, permitindo que novas formas organizacionais sejam criadas, empresas baseadas no relacionamento sejam estabelecidas e coordenação seja uma palavra-chave para o sucesso de qualquer projeto.

Some-se a isso, a dificuldade de investimento, por parte do Estado, em empreendimentos e projetos de grande porte, o que o tem levado a novas formas de contratação, tais como *turn-keys* e *build-own-operate-transfer* (Boot), como o túnel sob o canal da Mancha, plantas químicas e petroquímicas, rodovias e, até mesmo, empreendimentos artísticos, como filmes, shows etc. Nesses empreendimentos, uma enorme quantidade de *stakeholders* deve ser adequadamente gerenciada para que se tenha a informação certa, na hora certa, para a pessoa certa, com qualidade e custo compatíveis com as previsões feitas. Assim, como se pode ver, essas novas formas de contratação e organização do trabalho exigem um total controle sobre o projeto como um todo.

Nesse contexto, o gerenciamento de riscos em projetos passou a ser cada vez mais relevante. Tal fato tem levado as empresas de projeto a trocarem uma abordagem simplista de gerenciamento de riscos, calcada tão somente na multiplicação do orçamento-base por um coeficiente de segurança, às vezes, denominado "coeficiente de ignorância", por uma abordagem estruturada e científica.

O objetivo deste livro é apresentar o processo de gerenciamento de riscos em projetos segundo a metodologia *PMBOK®* do Project Management Institute (PMI). Para tal, ele está estruturado em quatro capítulos, além desta introdução e da conclusão. No primeiro capítulo, abordamos os conceitos básicos de risco e de seu gerenciamento em projetos. Analisamos o histórico do risco na sociedade, a complexa definição de risco e sua superposição à expressão incerteza, as razões pelas quais projetos têm riscos, os tipos de riscos existentes, os aspectos comportamentais associados à percepção de risco e, finalmente, apresentamos genericamente a abordagem do *PMBOK®* para lidar com os riscos em projetos, por meio dos seus seis processos, detalhados nos capítulos seguintes.

No segundo capítulo, dois dos processos iniciais do *PMBOK®* são analisados, quais sejam: o planejamento do gerenciamento dos riscos em projetos e a identificação dos riscos em projetos. São apresentadas as principais técnicas e documentos a eles associados.

No terceiro capítulo, analisamos os riscos já identificados no capítulo anterior e apresentamos tanto técnicas qualitativas quanto quantitativas para mensurar a probabilidade e o impacto dos riscos nos empreendimentos. Para tornar clara essa análise qualitativa e quantitativa, vários exemplos são apresentados ao leitor.

Finalmente, no quarto e último capítulo, são apresentados os dois processos finais de gerenciamento de riscos, segundo a metodologia *PMBOK®* do PMI, isto é: o desenvolvimento de respostas aos riscos identificados e mensurados, e o controle e documentação dos mesmos ao longo da vida útil do projeto.

Ao final, encontram-se nossas conclusões acerca do que foi apresentado neste livro.

Lembrando mais uma vez o mundo turbulento e mutante em que estamos – todos nós e nossos projetos – hoje inseridos, almejamos que este livro seja útil aos nossos leitores em seus empreendimentos pessoais e profissionais.

Estamos certos de que as empresas gerenciadoras de projetos estão cada vez mais conscientes da importância e necessidade de gerenciar cientificamente os riscos, evitando, dessa forma, que o número de fracassos em projetos continue alto, não obstante a crescente capacitação de profissionais nessa importante área do conhecimento.

Boa leitura a todos!

1 História e contextualização em gerenciamento de riscos em projetos

Neste capítulo inicial, procuraremos empreender uma rápida viagem à história do risco, desde os primórdios da humanidade até os dias de hoje, para, em seguida, contextualizá-lo no ambiente de projetos, explicando por que estes são sempre arriscados, em maior ou menor escala, e como fazer para gerenciar os riscos que lhes são inerentes. Para tal, procuraremos mostrar como a definição de risco tem várias interpretações e abordagens, analisaremos sua dinâmica dentro de um ambiente de projetos, investigaremos os principais tipos de riscos, mostraremos como cada um de nós tem uma percepção absolutamente individualizada acerca deles e analisaremos, de forma sucinta, os principais modelos de gerenciamento de riscos. Terminaremos este capítulo analisando, de maneira genérica, a metodologia adotada pelo *PMBOK*® (PMI, 2013) para o gerenciamento de riscos em projetos, a qual será detalhada, por meio de seus seis processos, nos capítulos seguintes, sendo este detalhamento o foco maior deste livro.

A história do risco na humanidade

O risco faz parte de qualquer empreitada humana. Do momento em que você se levanta da cama pela manhã, dirige seu carro ou usa o transporte público para o trabalho ou escola até seu retorno à sua casa, você está constantemente exposto a riscos de diferentes intensidades e naturezas. Embora correr alguns desses riscos possa ser uma atitude completamente involuntária, há aqueles pelos quais optamos conscientemente, pois desejamos corrê-los, e até nos divertimos com eles, como correr com um bólido numa pista de Fórmula 1 ou jogar em um cassino.

Em verdade, ao longo da história humana, risco e sobrevivência têm andado de mãos dadas. Os homens pré-históricos levavam uma vida curta e brutal. A vida média do homem pré-histórico era de menos de 30 anos; mesmo os antigos gregos e romanos eram considerados anciãos quando passavam dos 40 anos de idade. A busca por alimento os expunha a perigos derivados da caça a animais selvagens e do tempo inclemente. Mesmo quando comunidades mais desenvolvidas surgiram na Suméria, Babilônia e Grécia, outros riscos, como guerras e doenças, continuaram desafiando a humanidade. No entanto, desde os primórdios da humanidade, risco e recompensa andaram juntos, já que os pré-históricos que corriam riscos físicos acabavam geralmente com comida, enquanto os demais terminavam morrendo de fome.

Talvez a melhor obra sobre a história do risco na humanidade tenha sido escrita por Peter Bernstein em seu livro *Desafio aos deuses: a fascinante história do risco* (Bernstein, 1997). Qualquer leitor que tenha interesse numa detalhada e profunda descrição acerca da história do risco na humanidade deve ler esse livro.

Segundo Littré (1863, apud Vesper, 2006), a palavra risco tem suas raízes na palavra *risqué*, do francês medieval, que significa "perigo com chance de ocorrer". A palavra inglesa *hazard*, traduzida para o português como "acaso" ou mesmo "risco", sempre presente nas discussões sobre o tema, surgiu de um jogo de azar inventado no castelo de Hasart, na Palestina, enquanto a mesma estava sob domínio estrangeiro (Oxford English Dictionary, 1989). Já Bernstein (1997) afirma que a palavra risco deriva de *riscare*, do italiano antigo, que significa "ousar", sendo também derivada do latim *risicu* e *riscu*, ambas associadas à expressão "incerteza". À frente, falaremos mais sobre a diferença entre incerteza e risco, mas é interessante reparar que a palavra risco já nasceu associada à expressão incerteza.

O advento dos vikings criou um novo contexto para os riscos, já que eles viajavam, em embarcações extremamente bem-construídas, da Escandinávia à Inglaterra e Irlanda e mesmo em direção à América. Tal fato fez com que a preocupação com os riscos associados a essas viagens, como naufrágio de navios e ataque de piratas, aumentasse e tivesse de ser compensada com retribuições oriundas do retorno desses navios com carregamentos valiosos.

A expansão do comércio de especiarias a partir de 350 a.C. também intensificou a preocupação associada a viagens longas, multimodais e que, muitas vezes, resultavam em enormes catástrofes. Como se pode perceber, a preocupação se tornou ainda maior quando surgiu a época das grandes navegações, quando então navegadores zarpavam, principalmente de Portugal e da Espanha, muitas vezes sem sequer saber para onde realmente iam. Cristóvão Colombo estava atrás do caminho marítimo para as Índias quando aportou na ilha Hispañola – hoje Haiti e República Dominicana –, descobrindo a América, em 1492.

Bernstein (1997), em seu trabalho magistral sobre os riscos ao longo da história da humanidade, mostra como o pensamento acerca do risco evoluiu, em parte pelas mudanças no sistema numérico matemático, em parte pelo entendimento das bases da ciência das probabilidades e, em parte, pelo crescimento dos jogos de azar. Representações dos jogos de azar, assim denominados pela conotação quase sempre negativa associada a riscos, foram encontradas nas tumbas egípcias a partir de 3500 a.C. Porém, foi no Renascimento que se desenvolveu uma base científica para os jogos de azar. Tal se deu, segundo Bernstein (1997), pela introdução dos algarismos arábicos (0 a 9) na Europa, entre 1000 e 2000 d.C. Com o sistema de algarismos romanos, então vigente, era impossível fazer cálculos estatísticos associados aos riscos.

Assim, de acordo com Bernstein (1997), vários trabalhos começaram a ser publicados sobre o assunto, como o de Girolamo Cardano *Liber de ludo alea* (*Livro sobre jogos de azar*), que parece ter sido o primeiro estudo de probabilidade aplicado a cartas, dados e apostas. Em 1630, Galileo escreveu o ensaio *Sopra le scoperte dei dudi* (*Sobre jogar dados*) e vários matemáticos começaram a organizar grande quantidade de dados, como registros de nascimento e óbito, para desenvolver técnicas de inferência estatística, tabelas atuariais e modos de prever comportamentos e eventos ocorrendo em populações.

O advento do mercado financeiro e de seguros impulsionou sobremaneira a preocupação com riscos, embora ambas as indústrias já estivessem estabelecidas há séculos. Opções em papel foram usadas na Holanda, em 1630, quando investidores compravam e vendiam as mesmas, em vez dos bulbos de tulipas reais. Além disso, opções eram negociadas nos EUA, na década de 1790, no que mais tarde se transformaria na New York Stock Exchange. Em 1865, opções futuras de produtos, como grãos, cobre e toucinho, eram vendidas na Câmara de Comércio de Chicago. Mesmo as apólices de seguro – uma opção para reduzir o risco, compartilhando-o com outros que recebem uma compensação por isso – eram negociadas desde 1800 a.C., para reduzir o risco de viagens de navios. Com o tempo, na Idade Média, essas apólices passaram a ser vendidas para proteger fazendeiros de inundações, secas e outros desastres climáticos.

Não se pode também esquecer o fundamental papel da Revolução Industrial na história do risco, já que ela trouxe uma série de outros perigos, até então desconhecidos da humanidade: os riscos tecnológicos. Riscos associados à estabilidade estrutural de pontes e edifícios, segurança de aviões e de reatores nucleares etc. começaram a se somar aos já conhecidos riscos físicos e monetários existentes.

Como se pode perceber, a história dos riscos se confunde com a própria história da humanidade, numa tentativa desta de antecipar a incerteza associada ao futuro, para melhor lidar com ela.

Mas, afinal, o que são riscos e qual a sua ligação com incerteza? Veremos isso a seguir.

A complexa definição de risco

Vistas a importância e a onipresença do risco em qualquer atividade humana, é no mínimo estranho perceber a enorme falta de consenso sobre sua definição (Raz e Hillson, 2005). Tal fato pode ser atribuído, entre outros fatores, ao enorme relacionamento de riscos com outras áreas do conhecimento, como tomada de decisão e gerenciamento da informação (Fortes, 2011). As decisões que tomamos são, de modo geral, associadas aos riscos que percebemos estarem associados ao que vamos decidir. Da mesma forma, precisamos de informação para desenvolver nossa percepção de risco. Veja, leitor, como usamos a expressão "percepção de risco" em vez de apenas "risco". Sim, porque, como veremos adiante, embora o risco possa ser muitas vezes mensurado de forma qualitativa ou quantitativa (veja o capítulo 3 deste livro), o que interessa realmente é a nossa percepção acerca dele. Se assim não fosse, por que há pessoas que se recusam a saltar de asa-delta, enquanto outras o fazem duas a quatro vezes por mês? Ou, ainda, por que uma pessoa embarca num voo de avião enquanto outra se recusa a embarcar no mesmo voo? Ora, considerando-se a mesma companhia aérea, o mesmo piloto, as mesmas condições meteorológicas etc., o risco (ou sua probabilidade) deveria ser o mesmo, certo? Como você, leitor, pode deduzir, cada um de nós tem determinada tolerância ao risco, o que nos faz percebê-lo de forma distinta (Slovic, 1987). Assim, uma única definição de risco torna-se difícil, já que ela deveria funcionar para todos nós, independentemente de nossas idiossincrasias. Percebemos, portanto, que risco tem um enorme componente comportamental, como já haviam comprovado Tversky e Kahneman (1981) e sobre o qual falaremos adiante.

No entanto, a maior complexidade encontrada em definir risco está em diferenciá-lo de incerteza (Perminova, Gustafsson e Wikström, 2008). O que é incerteza? O que é risco? Como ambos se relacionam? Em que são diferentes?

Risco ou incerteza?

Em 1921, Frank Knight sumarizou a diferença entre risco e incerteza da seguinte forma:

> O conceito de incerteza deve ser considerado num sentido radicalmente distinto do de risco, do qual nunca se separou [...]. O fato essencial é que risco significa, em vários casos, algo passível de mensuração, ou uma incerteza mensurável [...] [Knight, 1921:20].

Em suma, Knight (1921) apontou que apenas incertezas quantificáveis são riscos e deu o exemplo de dois indivíduos retirando bolas pretas e vermelhas de uma urna. O primeiro indivíduo é ignorante em relação ao número de bolas de cada cor na urna, enquanto o segundo sabe que há três bolas vermelhas para cada bola preta. O segundo indivíduo estima (corretamente) a probabilidade de tirar uma bola vermelha em 75%, mas o primeiro opera segundo o conceito errôneo de que há 50% de chance de tirar uma bola vermelha. Afirma o autor que o segundo indivíduo é exposto ao risco, enquanto o primeiro sofre de ignorância.

Essa discussão, no entanto, é algo equivocada. É verdade que o risco que pode ser mensurado (e vamos mostrar como fazer isso no capítulo 3 deste livro) é mais fácil de ser gerenciado, mas nos preocupamos com qualquer tipo de incerteza – mensurável ou não. Holton (2004) argumenta que há dois ingredientes necessários para que o risco exista. O primeiro é a incerteza acerca do potencial resultado advindo de um experimento e o outro é o fato de esse potencial resultado prover utilidade ou (in)satisfação. Por exemplo, segundo o autor, uma pessoa que salta de um avião sem paraquedas não se expõe a nenhum risco se estiver certa de morrer (nesse caso, não há mais incerteza); tirar bolas de uma urna não expõe ninguém ao risco, a não ser que o bem-estar ou fortuna da pessoa sejam afetados por esse ato, por exemplo, atribuindo-se diferentes valores monetários às diferentes cores, caso em que a atividade passa a ter risco. Assim, vemos que risco sem algum tipo de consequência não é risco, o que o faz diferir de incerteza, que pode ou não produzir alguma consequência relevante.

Hillson e Murray-Webster (2007) afirmam que o risco tem duas características: incerteza e consequências. Mas, segundo os autores, risco não é o mesmo que incerteza; a diferença fundamental entre os dois conceitos reside na consideração ou não das consequências. Risco é uma incerteza que pode influenciar um ou mais objetivos, o que pode ser ilustrado por meio do exemplo a seguir, apresentado pelos autores. Uma criança fará um exame amanhã com resultado incerto; esse resultado, porém, não tem nenhuma consequência para outras pessoas. Para estas, o resultado do exame é uma incerteza, porém é irrelevante, não se constituindo, portanto, em risco. A incerteza acerca do tempo amanhã no Tibet é também uma incerteza, mas é também irrelevante para a maioria das pessoas, não se constituindo, portanto, em risco para elas. No entanto, se a criança for tibetana e se seu pai lhe tiver prometido uma excursão de pesca caso sua nota seja alta no exame, ambas as incertezas passam a ser significantes nesse contexto, tornando-se, portanto, riscos para a criança. Assim, pode-se perceber que há incertezas que são completamente irrelevantes dentro de determinado contexto. Dessa forma, os autores afirmam que a ligação de risco com objetivos é fundamental para que os riscos sejam gerenciados.

Assim, cada vez mais, vários autores vêm sugerindo que gerenciamento de riscos passe a se chamar gerenciamento de incertezas (Perminova, Gustafsson e Wikström, 2008; Ward e Chapman, 2003; De Meyer, Loch e Pich, 2002, entre outros).

De Meyer, Loch e Pich (2002) trazem, em nossa opinião, a contribuição mais lúcida e pragmática acerca da diferença entre risco e incerteza. Para eles, há quatro tipos de incertezas: variabilidade, incerteza prevista, incerteza imprevista e caos. As duas primeiras são incertezas identificáveis e mensuráveis e devem ser consideradas riscos; as duas últimas são impossíveis de identificar e mensurar, ficando, erroneamente, de fora do gerenciamento de riscos. Explicamos melhor esses conceitos, a seguir:

- variabilidade: refere-se a incertezas que provêm de muitas pequenas influências, levando atividades específicas a um intervalo de variação – atividade X pode durar entre 32 e 34 semanas, por exemplo. Num empreendimento, os gerentes sabem que seus cronogramas e orçamentos planejados podem variar dentro de determinado intervalo. Assim, são usados *buffers* (ou reservas contingenciais associadas ao caminho crítico do projeto) para fazer frente a essas variações, as quais são monitoradas e controladas para verificar se estão dentro dos limites esperados;

- *incertezas previstas*: são incertezas identificáveis sobre as quais há pouca informação. Exigem um cuidado bem maior do que a variabilidade, já que afetam o projeto como um todo, podendo-se usar curvas de distribuição de probabilidade para antever a chance de ocorrerem. São chamadas de *known unknowns* e gerenciadas por meio de planos de contingência que podem ou não ser usados. Por exemplo, um laboratório farmacêutico pode prever a probabilidade de que uma nova droga cause efeitos colaterais, por meio da análise de drogas semelhantes já lançadas no mercado e cujos resultados foram monitorados ao longo do tempo. Assim, planos de contingência podem ser elaborados, mudando-se a dosagem ou restringindo-se o uso da droga para certas circunstâncias predefinidas;
- *incertezas imprevistas*: são incertezas que sequer podem ser identificadas, seja pela falta de consciência de que possam ocorrer, seja porque se considera altamente improvável que surjam e, portanto, torna-se desnecessário combatê-las. Não há, portanto, um plano B para gerenciá-las. São conhecidas como *unknown unknowns*. Podem ser geradas a partir da interação de vários eventos, cada um dos quais pode ser, em princípio, previsível. O medicamento Viagra, da Pfizer, é um exemplo deste tipo de incerteza: embora fosse um medicamento desenvolvido para melhorar o fluxo sanguíneo nas artérias, mostrou-se uma droga capaz de melhorar

a performance sexual de seus usuários, levando a empresa a, inesperadamente, ter de mudar seu plano de desenvolvimento e sua abordagem mercadológica. É um exemplo elucidativo de que incertezas (ou riscos) podem trazer boas oportunidades, e não apenas ameaças. Essas incertezas imprevistas (*unknown unknowns*) exigem mais flexibilidade do que planejamento formal para serem gerenciadas;

- *caos*: enquanto as incertezas imprevistas estão associadas a objetivos e metas razoavelmente estáveis, o caos não está ligado, previamente, a nada. São incertezas típicas de pesquisas básicas, em que os resultados podem nem sequer ocorrer ou ser completamente diferentes do que se esperava. Essas incertezas exigem uma enorme flexibilidade organizacional para que possam ser gerenciadas, isto é, um planejamento rígido para gerenciamento das mesmas pode ser catastrófico. Por exemplo, em 1991, a Sun Microsystems concebeu a linguagem Java para ser usada no controle de aparelhos eletrodomésticos. Foi um grande fracasso. Apenas em 1995, Java tornou-se um sucesso como linguagem de programação para páginas web. Ironicamente, somente uma década após seu desenvolvimento, Java passou, finalmente, a ser usada no controle de aparelhos eletrodomésticos.

Poderíamos continuar por longo tempo analisando a definição de risco, mas precisamos avançar. A partir do que vimos, podemos entender riscos como incertezas que são identificáveis, mensuráveis e relevantes para o contexto em que ocorrem. Em outras palavras, todo risco é uma incerteza, mas nem toda incerteza é risco, seja porque ela pode não ser identificável, pode não ser mensurável e/ou pode não ter impacto relevante em seu contexto. A figura 1 explicita o que dissemos.

Como podemos ver na figura 1, o paradigma atual do gerenciamento de riscos se concentra no quadrante 1. No entanto, embora possamos desprezar os quadrantes 3 e 4, já que ambos não produzem consequências relevantes, o quadrante 2 atualmente é desconsiderado na análise de riscos em projetos, já que são incertezas desconhecidas – porém com consequências relevantes. Essa é a razão por que vários autores creem que, em pouco tempo, estaremos gerenciando incertezas e não mais riscos (Ward e Chapman, 2003; Perminova, Gustafsson e Wikström, 2008).

Figura 1
Matriz das incertezas

	INCERTEZAS CONHECIDAS	INCERTEZAS DESCONHECIDAS
INCERTEZAS QUE PODEM AFETAR	**1. Escopo do gerenciamento de riscos**	2. Pode haver risco
INCERTEZAS QUE NÃO PODEM AFETAR	3. Não necessitam ser tratadas pelo gerenciamento	4. Não necessitam ser tratadas pelo gerenciamento

Fonte: Modica et al. (2010:3).

A partir do que foi dito em toda esta seção, é necessário formalizar a definição de risco, para que possamos ir em frente. Assim, vamos seguir o paradigma atual relativo ao gerenciamento de riscos e imaginar que podemos planejar a forma como vamos lidar com eles – já vimos que isso nos impedirá de lidar com as incertezas *unknown unknowns* e o caos (quadrante 2 da figura 1), mas esse é um caminho futuro da área de gerenciamento de riscos em projetos, como suportado por De Meyer, Loch e Pich (2002); Ward e Chapman (2003); e Perminova, Gustafsson e Wikström (2008). Assim, a figura 2 apresenta o escopo atual do gerenciamento de riscos.

Figura 2

ESCOPO ATUAL DO GERENCIAMENTO DE RISCO

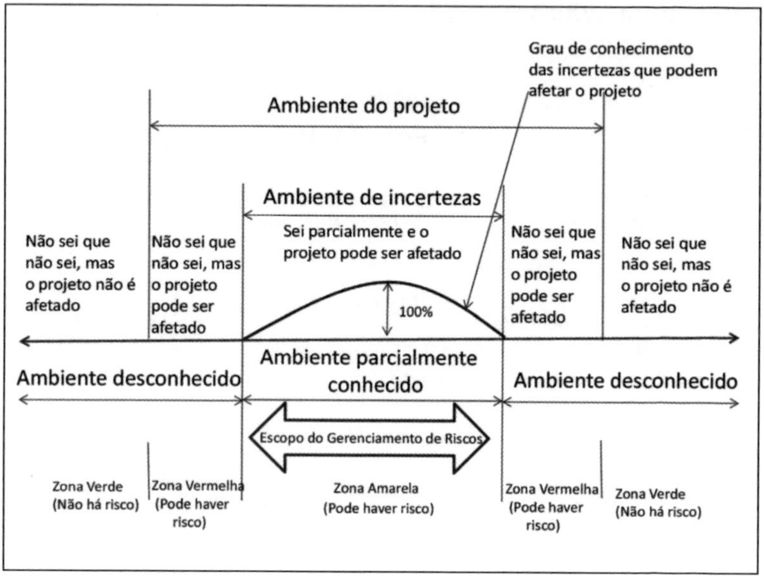

Fonte: Adaptado de Modica (2009).

Definições clássicas de risco

A maior parte das definições de risco está associada apenas a ameaça, e não a ameaça ou oportunidade (Akintoye e Mac Leod, 1997; Ward e Chapman, 2003). Na verdade, risco pode ser algo desejado ou evitado, mas nossas percepções em relação ao termo tendem a ser sempre negativas. Assim, para Dowie (1999), definir risco só atrapalha seu gerenciamento, já que, de modo geral, sempre o associamos a coisas que podem dar errado. Dessa forma, segundo o autor, uma definição para risco simplesmente não é necessária. Do mesmo modo que Ward e Chapman (2003), discordamos de que risco não precise ser definido, embora, como Ward e Chapman (2003), sejamos solidários a Dowie (1999) em sua preocupação com o negativismo associado ao termo. Na verdade, o conceito de risco está associado a tantas disciplinas – de atuária a engenharia; de finanças a gerenciamento de projetos etc. –, que não é de se estranhar que cada uma delas possa ter definido risco à sua maneira. Como estamos na área de gerenciamento de projetos, vamos nos ater às definições existentes nessa área de conhecimento.

A seguir, vamos apresentar algumas definições formais para risco.

De acordo com Raz e Hillson (2005), não existe consenso na literatura com relação à definição do termo risco em gerenciamento de projetos. Três abordagens são encontradas pelos autores no que tange ao assunto:

(i) riscos são eventos incertos que têm somente efeito negativo no projeto;
(ii) riscos são eventos incertos que podem ter tanto efeito positivo (oportunidade) quanto negativo (ameaça) no projeto;
(iii) riscos são eventos incertos que têm efeitos no projeto. Esta última definição não explicita se os efeitos são negativos ou positivos.

Para Modarres (2006), o termo "risco em projeto" significa não somente a ocorrência de um efeito indesejável, mas também quão provável e quais as consequências do mesmo, caso ocorra. Percebemos aqui que Modarres (2006), literalmente, associa riscos a efeitos indesejáveis.

Vamos comparar, agora, algumas definições de risco associadas a projetos, desenvolvidas pela Association for Project

Management (APM), do Reino Unido, e pelo Project Management Institute (PMI), dos Estados Unidos:

- "Risco é um evento incerto ou conjunto de circunstâncias que, caso ocorra, terá efeito no atingimento de um ou mais objetivos do projeto" (APM, 2012:26).
- "Risco é um evento ou condição incerta que, se ocorrer, tem um efeito positivo ou negativo em um ou mais objetivos do projeto, como escopo, prazo, custo e qualidade" (PMI, 2013:310).

Como se pode perceber, as definições são muito semelhantes. No caso do PMI, podemos verificar que risco está ligado a restrições, isto é, se o projeto não tivesse nenhum tipo de restrição (um escopo definido, prazo e orçamento delimitados e/ou a qualidade desejada), não haveria risco, ou seja, o mesmo poderia aceitar um grau infinito de incerteza (ver figura 3). No entanto, não há projetos sem restrições, até porque elas fazem parte de sua própria definição.

Figura 3

Relação restrição × incerteza em projetos

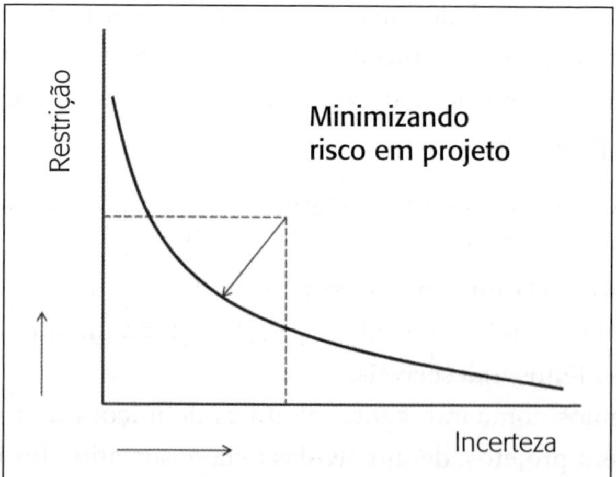

Por que projetos têm riscos?

Vamos agora explorar por que projetos têm riscos específicos, de modo a estabelecer o contexto para seu gerenciamento e de que forma queremos que nossos projetos sejam considerados um sucesso.

Segundo as várias definições, projetos existem (ou deveriam existir) por uma razão muito clara. Eles são desenvolvidos para implementar planos de ação oriundos da estratégia corporativa, desenvolver um *business case* ou gerar uma série de entregáveis. De modo geral, geram benefícios para as organizações e seus *stakeholders*, mas frequentemente esses benefícios não se concretizam imediatamente ou diretamente, assim que o empreendimento é encerrado. Geralmente, projetos criam capacitações que necessitam ser usadas e aplicadas para que os reais benefícios apareçam.

Com uma história tão longa de desenvolvimento de projetos – a começar pelas grandes pirâmides do Egito, o Colosso de Rodes, os Jardins Suspensos da Babilônia, a grande Muralha da China, entre outros –, deveríamos esperar que eles tivessem um índice de sucesso bem alto. Nada mais enganoso. Relatórios continuam indicando que o percentual de projetos que fracassam é bastante alto nos dias de hoje e não tem melhorado ao longo dos anos (Sauser, Reilly e Shenhar 2009).

Por que tantos projetos fracassam? Certamente, não é devido à ausência de teorias de gerenciamento, ou de técnicas e ferramentas, ou mesmo de profissionais capacitados. Temos um bom entendimento dos conceitos associados ao gerenciamento de projetos, os processos para tal estão bem-estruturados e as pessoas envolvidas nessa atividade são capazes, profissionais e engajadas no sucesso dos mesmos (Hillson, 2009). Para o autor, tudo indica que uma das maiores razões para o fracasso de projetos é o aparecimento de eventos não previstos que interrompem a trajetória suave de gerenciamento, causando desvios irreconciliáveis com o plano inicial. Quando os jornalistas perguntaram ao então primeiro-ministro britânico o que mais provavelmente poderia tirar um governo do seu curso original, a resposta foi: "Eventos, meus caros, eventos" (Hillson, 2009).

Em um dado projeto, alguns desses eventos não previstos não eram passíveis de ser antecipados, mas alguns outros poderiam perfeitamente ter sido identificados, isto é, eram riscos (*known unknowns*) e não incertezas (*unknown unknowns*), como explicamos anteriormente, afetando os objetivos definidos.

Assim, que características intrínsecas têm os projetos, que os tornam arriscados? Podemos vislumbrar três características básicas, a seguir detalhadas.

Características comuns

Todos os empreendimentos compartilham características que introduzem incerteza em seu gerenciamento. Muitas delas são intrínsecas à própria definição de projeto, isto é, "um esforço temporário para criar um produto, serviço ou resultado único" (PMI, 2013:3). Entre elas, podemos citar (Hillson, 2009):

- unicidade – todo projeto tem, pelo menos, alguns elementos que não foram desenvolvidos antes e, naturalmente, existe incerteza associada a esses elementos;
- complexidade – projetos são complexos de variadas maneiras, e são mais do que uma simples lista de tarefas a ser desenvolvida. Existem vários tipos de complexidade, incluindo técnicas, comerciais, relacional (ou de interface), cada uma delas trazendo riscos. De fato, complexidade é, hoje, uma

das áreas emergentes no gerenciamento de projetos (Bosch-Rekveldt et al., 2011) e sua ligação com tomada de decisão e riscos em projetos é bastante forte (Fortes, 2011);

- premissas ou restrições – a definição do escopo de um projeto implica desenvolver cenários acerca do futuro, o que, normalmente, inclui tanto premissas (coisas que acreditamos que acontecerão ou não) e restrições (coisas que nos são ditas para fazer ou não). Premissas e restrições podem se mostrar errôneas ao final, e é provável que algumas delas se mantenham escondidas ou não identificáveis, já que são incertezas na maioria dos empreendimentos;
- pessoas – todos os projetos são conduzidos por pessoas, incluindo seu time, a equipe de gerenciamento, clientes, fornecedores, subcontratados etc. Todos esses grupos são imprevisíveis em algum aspecto, introduzindo incertezas nas ações às quais estão relacionados;
- *stakeholders* – esse é um grupo particular, que impõe demandas, expectativas e objetivos. Suas demandas podem, às vezes, variar, superpor-se ou mesmo conflitar-se, levando a riscos na execução e aceitação do projeto;
- mudança – todo projeto é um agente de mudança, movendo-se do presente conhecido para o futuro incerto, com toda a incerteza associada a esse movimento.

Essas características de risco estão embutidas na própria natureza dos projetos, não podendo ser eliminadas sem alterá-lo (Hillson, 2009). Por exemplo, um empreendimento que não é único, não tem nenhum tipo de complexidade, não tem restrições e premissas associadas, não envolve pessoas, não possui *stakeholders* e não introduz mudança pode ser classificado de tudo, menos de projeto.

Planejamento impositivo

As definições de projeto enfatizam que ele é concebido, lançado e executado para atingir objetivos que são (ou deveriam ser) fortemente relacionados com a estratégia corporativa (Hillson, 2009). No atual cenário turbulento de negócios, as empresas têm procurado manter sua superioridade estratégica frente a seus concorrentes operando de forma mais eficiente e eficaz e/ou buscando implantar melhorias significativas nos produtos/serviços que oferecem. Assim, muitas empresas usam projetos para alcançar vantagem competitiva. Naturalmente que as empresas procuram fazer tudo isso o mais rapidamente possível, o que acarreta riscos de variadas naturezas que podem impedir que os objetivos iniciais sejam alcançados com sucesso. Assim, a empresa se vê diante de duas possibilidades (Hillson, 2009):

- executar melhorias incrementais nos produtos/serviços existentes, buscando melhoria contínua. Embora seja essa uma estratégia menos arriscada, os resultados dela advindos são menos vantajosos e precisam ser obtidos continuadamente para que produzam algum efeito;
- executar inovações radicais ou mesmo quebras de paradigma, tentando superar de forma insofismável e, em muito, a concorrência. Os riscos são naturalmente maiores, mas os resultados produzem elevados ganhos potenciais, alcançados de forma rápida.

Verifica-se, assim, que risco e recompensa andam de mãos dadas, isto é, eles são positivamente correlacionados. Grandes riscos em projetos podem levar a grandes recompensas, enquanto aqueles que têm pequenos riscos associados não geram recompensas substanciais. Por exemplo, lançar um produto novo em um mercado novo, sendo um *first-mover*, é altamente arriscado (Ansoff, 1990), mas pode gerar grandes lucros (ou prejuízos). Por outro lado, implementar pequenas melhorias num produto existente em um mercado já existente e conhecido é menos arriscado e deve gerar apenas um pequeno lucro (ou prejuízo).

Em empresas orientadas a projetos, estes devem criar valor; portanto devem ser deliberadamente desenvolvidos e impostos como empreendimentos arriscados. O propósito é gerar o maior retorno possível ao mesmo tempo que se gerencia e controla os riscos associados ao empreendimento em questão.

Ambiência externa

Projetos não existem no éter; eles estão posicionados em um ambiente externo que pode trazer desafios e restrições ao seu gerenciamento. Entendemos aqui como ambiência externa a organização com suas caraterísticas intrínsecas (cultura, arquitetura, processos, recompensas etc.) e o ambiente externo à organização.

Entre os fatores externos que podem representar risco para o gerenciamento de um projeto (entenda, leitor, risco como ameaça, mas também como oportunidade), podemos citar (Hillson, 2009):

- volatilidade do mercado;
- ação dos concorrentes;
- requisitos não previstos;
- mudanças organizacionais internas;
- mudanças organizacionais nos clientes;
- mudanças organizacionais nos *stakeholders* em geral;
- fatores sociais, políticos, tecnológicos, econômicos, ambientais e legais.

Todos os fatores citados são passíveis de rápidas mudanças e transformações no mundo de hoje, em que a única certeza é a mudança (Handy, 1989). Ademais, esses fatores podem se correlacionar, criando efeitos cruzados difíceis de identificar e gerenciar. Isto é, não é possível analisar esses fatores de forma isolada apenas, sendo necessário também identificar e gerenciar as interdependências entre eles.

Componentes de riscos em projetos

Visto que não somos capazes de ter projetos sem riscos – sejam eles bons (oportunidades) ou ruins (ameaças) –, é chegada a hora de nos aprofundarmos em seu gerenciamento. Isto é, um empreendimento zero risco é tudo, menos um projeto. Além do mais, dada a ligação de risco com recompensa, um projeto zero risco não apenas não existe como seria indesejável, por não trazer nenhuma recompensa associada. Assim, o importante não é manter riscos fora dos empreendimentos, mas garantir que, quando inevitáveis, se situem num nível aceitável à organização patrocinadora (mais tarde, veremos que isso vai depender do apetite para o risco, ou da percepção de risco dessa organização).

Por outro lado, precisamos diferenciar a expressão "risco" de "riscos" em projetos. Para o gerente, o importante é administrar os riscos que os afetam positiva (oportunidades) ou negativamente (ameaças), de modo a atingir os objetivos iniciais definidos. Constantemente ele pergunta: "Quais são os riscos do meu projeto?" E a resposta é usualmente anotada no registro de riscos ou documento similar. Já o patrocinador não está interessado em riscos específicos, mas no risco global. Sua pergunta, portanto, é: "Quão arriscado é o meu projeto?" E a resposta normalmente não vem de um registro de riscos. Assim, o patrocinador (*sponsor*) se preocupa com a exposição do empreendimento como um todo aos efeitos da incerteza. Portanto, o gerente está interessado em "riscos", enquanto o patrocinador, em "risco". Enquanto o gerente procura os riscos *no* projeto, o patrocinador analisa o risco *do* projeto. Dessa forma, segundo o *PMBOK*® (PMI, 2013), há diferenças entre riscos individuais e risco global.

Mas de que é composto o risco, isto é, quais são seus componentes básicos?

Todo risco é composto por três elementos formadores, quais sejam:

- o evento em si, associado à causa-raiz do risco (à sua fonte geradora), assim como seu efeito (consequência). Em outras palavras, todo risco tem uma causa geradora (ou mais de uma), sendo disparado por ela(s). Todo risco tem efeitos dele decorrentes;
- a probabilidade associada a esse evento de risco (aqui, mais uma vez, lembramos que estamos tratando de riscos tipo *known unknows*, isto é, aqueles que podem ser identificados e mensurados qualitativa e/ou quantitativamente);
- o impacto do evento de risco no projeto. Já vimos anteriormente que todo risco deve ter algum tipo de impacto (bom ou ruim) relevante; caso contrário trata-se apenas de uma incerteza, a qual sequer deve ser gerenciada (ver figuras 1 e 2 para mais detalhes).

Alguns gestores de projeto tomam decisões baseados apenas na sua causa (probabilidade de ocorrência) ou efeito (impacto). Isso é desaconselhável, porque causa e efeito andam juntos e, assim, devem ser juntos avaliados. Por exemplo, toda usina nuclear deve ser calculada considerando o risco de um terremoto de determinada magnitude. Como não podemos mexer na probabilidade de haver um terremoto (pelo menos, por enquanto), devemos procurar minimizar o impacto (consequência) de tal evento de risco. Assim, toda usina nuclear (como Angra 2, por exemplo), é calculada para resistir estruturalmente ao impacto de um evento de risco de terremoto de dada magnitude. Assim, minimizamos (às vezes até eliminamos) o impacto desse evento (terremoto) no projeto (usina nuclear de Angra 2). O mesmo ocorreu com a hidrelétrica de Itaipu. Embora considerar risco de terremoto em hidrelétrica não seja normal num país tão assísmico como o Brasil, as consequências advindas da ruptura da barragem de Itaipu (embora com baixíssima probabilidade) seriam catastróficas.

Por outro lado, podemos desenvolver ações que impactem a probabilidade associada ao evento de risco. Por exemplo, de igual modo, todo reator de uma usina nuclear deve resistir ao impacto de avião na sua casca de concreto. Podemos, assim, impedir o sobrevoo de aeronaves num círculo de determinado diâmetro em torno da usina nuclear. Com isso, estamos mexendo na probabilidade associada ao evento de risco. O ideal, no entanto, seria fazer as duas coisas, isto é, impedir o sobrevoo e calcular a casca de concreto para resistir ao impacto de avião. Nesse momento, nos defrontamos com uma nova e importante variável associada ao gerenciamento de risco: Quanto custa tudo isso? A taxa de retorno justifica tal procedimento?

Suponha, por exemplo, que você esteja assistindo a uma aula de gerenciamento de riscos numa das instalações de uma escola, situada em um prédio de vários andares. Existe alguma probabilidade de um avião entrar pela janela da sua sala de aula? Claro que existe! Assim, devemos inferir que a estrutura do prédio onde você está, nesse momento, foi calculada para resistir ao impacto de avião, correto?! Claro que não! Lembre-se de que, se um avião entrar pela janela do prédio durante sua aula de gerenciamento de riscos, o "máximo" que ele causará será o óbito de 30 a 40 alunos e do professor. Isso compensa que todo o prédio seja calculado e construído para resistir ao impacto de aviões? Não, porque o produto da probabilidade do evento (baixíssima) pelo efeito do mesmo (a morte de 40 alunos mais um professor, quantificada monetariamente) não compensa tal procedimento. Sabemos que tal atitude parece bastante insensível, mas é assim que as coisas funcionam. Se olharmos para a usina de Angra 2, saberemos que a probabilidade de um avião atingir sua casca de concreto é igualmente baixíssima. No entanto, o efeito de tal impacto pode ter consequências terríveis, com vazamento radioativo, que pode levar à morte, ao longo dos anos, de milhares de pessoas. Lembre-se de Chernobyl, uma cidade fantasma que até hoje sofre as consequências da radioatividade liberada. Assim, considerar tal evento, o choque de avião, numa usina nuclear é justificado pelo custo associado ao seu efeito (consequências), mas seria uma sandice para um prédio comercial no Brasil.

Estamos, agora, em condições de formular, matematicamente, a composição do risco, consolidando o que dissemos acima. Numa visão consolidada, De Camprieu, Jacques e Yang (2007) resumem os três componentes do risco em dois, conforme mostrado:

- eventos que fatores endógenos ou exógenos (causas-raiz) podem disparar e que afetarão (para o bem ou para o mal) os objetivos do projeto. São representados pela função de densidade $f(y)$, e a probabilidade de cada evento é função dos fatores de risco (causas-raiz);
- amplitude do impacto de cada evento, caso ocorra, nos objetivos definidos. Os impactos são representados pela função de densidade $g(x)$, e a amplitude do impacto é também função dos fatores de risco (causas-raiz).

Assim, o risco é representado matematicamente por uma função de densidade de risco $h(x,y) = g(x/y).f(y)$, que combina a probabilidade e a amplitude do impacto dos vários eventos de risco. Neste caso, $g(x/y)$ significa o valor de x condicionado ao fato de que y tenha ocorrido. Trata-se, portanto, de uma função condicionada a outra. Isso porque só podemos avaliar os efeitos do risco – g(x) – se ele tiver realmente ocorrido – f(y). Por isso, usamos g (x/y).

O conceito de exposição ao risco, valor esperado ou valor monetário esperado (Boehm, 1991), frequentemente referenciado na literatura de gerenciamento de projeto, é uma versão da função de densidade de risco, isto é:

$$\text{Exposição ao risco (ER)} = \sum_{i=1}^{n} P(X_i) \times C(X_i)$$

onde:

- $P(X_i)$ é a probabilidade de um evento de risco;
- $C(X_i)$ é a consequência desse evento i (medida em alguma unidade).

Podemos, agora, usar a fórmula acima para entender quando e por que levamos (ou não) em consideração o gerenciamento de riscos em projetos.

Suponhamos que a probabilidade de um avião entrar em sua sala seja (por suposição) de 10^{-8} e que o efeito de tal evento seja estimado em R$ 1 bilhão (o "custo" da vida total daqueles 40 alunos mais o professor, que pereceriam como consequência do evento).

Logo, a exposição ao risco será: ER = 10^{-8} × R$ 1.000.000.000,00 = R$ 10,00

Agora, vamos analisar o evento terremoto na usina nuclear de Angra 2. A probabilidade de um terremoto é (por suposição) de 10^{-7}. No entanto, as consequências podem chegar, ao longo de vários anos, ao estrondoso valor de R$ 1 quintilhão.

Logo, a exposição ao risco será:

ER = 10^{-7} × R$ 1.000.000.000.000.000.000,00 = R$ 100.000.000.000,00.

Acreditamos que agora ficou claro, leitor, por que se uma aeronave começar a voar em torno do prédio onde você está assistindo à aula de gerenciamento de riscos, convém verificar rapidamente onde é a rota de fuga da sala (dependendo da sua percepção e atitude em relação ao risco, claro). Por outro lado, isso explica por que se um terremoto ocorrer em Angra dos Reis, você pode ficar "despreocupado" (pelo menos, em relação à usina nuclear de Angra 2). É provável que toda a cidade de Angra dos Reis e arredores sejam destruídos, mas a usina nuclear vai permanecer incólume.

Depois de analisarmos os componentes do risco, chegou o momento de definirmos os tipos de riscos encontrados em projetos. Só assim estaremos preparados para gerenciá-los adequadamente.

Tipos de riscos em projetos

De acordo com Hall e Hulett (2002), vários riscos afetam e envolvem os projetos e é necessário conhecer sua tipologia para que possamos identificá-los bem (ver capítulo 2 deste livro). É preciso, inicialmente, entender de forma ampla o que devemos ter em mente quando gerenciamos um empreendimento.

Assim, a seguir são apresentados os vários tipos de riscos que podem ocorrer em um projeto (Fortes, 2011).

Riscos externos ou ambientais do projeto

Correspondem aos riscos associados à ambiência externa ao projeto (Cleland e Ireland, 2007). De modo geral, são aqueles sobre os quais quase nada se pode fazer, por serem difíceis de identificar e de controlar via plano de contingência (ver capítulo 4 deste livro). Entre eles encontram-se mudanças sociais, políticas, econômicas, ambientais, regulatórias, climáticas, demográficas, além de riscos inerentes à ação de terceiros, tais como clientes, fornecedores, concorrentes, entre outros.

Riscos internos ou organizacionais do projeto

Correspondem aos riscos associados à ambiência interna da organização que abriga o projeto em questão (Cleland e Ireland, 2007). Entre eles podemos citar cultura e clima organizacional, processos administrativos internos à organização, política de gestão de pessoas, entre outros. São riscos que podem ser identificados e, eventualmente, controlados e mitigados via planos de contingência (ver capítulo 4 deste livro).

Riscos tecnológicos do projeto

São aqueles associados às tecnologias e processos usados. Muitas vezes um empreendimento lida com tecnologias ainda imaturas e/ou complexas que acabam por trazer riscos ao seu êxito. Como exemplo, podemos citar o caso do Boeing 787, um avião revolucionário cujo projeto, por ter-se valido simultaneamente de várias novas tecnologias (materiais compósitos, uso intensivo de baterias para economia de combustível etc.), transformou-se em enorme dor de cabeça para a Boeing. Some-se a isso, o próprio processo de construção do avião pelo fabricante que, terceirizando em demasia o desenvolvimento e construção de partes da aeronave, tornou o gerenciamento desse projeto extremamente complexo em razão da enorme necessidade de coordenação de diversos *stakeholders* (Michaels, 2013).

Riscos operacionais ou de gerenciamento do projeto

Estão associados às próprias áreas de conhecimento do gerenciamento de projetos. Um cronograma malfeito, um orçamento com valor-base muito aquém do esperado, um escopo sem foco definido, um plano de comunicação inadequado ou mesmo contratos dúbios são exemplos de riscos operacionais. Assim, todas as áreas de conhecimento de gerenciamento de projetos, segundo o *PMBOK®*, podem apresentar risco (positivo ou negativo). Na verdade, tratamos o gerenciamento de projetos como se fosse algo determinístico, mas na verdade tudo é estocástico ou probabilístico. O escopo tem grande probabilidade de ser o que estabelecemos (mas pode não ser), os cronogramas devem seguir o que planejamos (mas também têm chance de ser bem diferentes), os orçamentos tendem a ser do modo como planejamos (mas podem mudar completamente) e assim vamos. O leitor, no entanto, já deve ter percebido que é difícil associarmos probabilidades a todas as facetas de um empreendimento. Além do mais, gerenciar um projeto em que tudo tem alguma probabilidade de ocorrer ou não da forma que previmos não deve ser das coisas mais fáceis (e agradáveis) para seu gerente. Assim, assumimos algumas áreas específicas como probabilísticas e a maioria como determinística, estando atentos para controlar os desvios associados às probabilidades por nós atribuídas. Mais uma vez trabalhamos apenas no domínio das incertezas que podemos identificar e mensurar, e que tenham impactos relevantes nos objetivos definidos (*known unknowns* – quadrante superior esquerdo da figura 1).

Percepção e atitude individuais em relação ao risco

Cada um de nós tem uma percepção individualizada de risco, que molda a nossa atitude em relação a ele e, portanto, o modo como o gerenciamos. Essa percepção varia tanto quanto a nossa personalidade, isto é, cada um de nós associa distintos níveis de riscos a um mesmo evento. Voltando ao que já apresentamos, é isso que, por exemplo, faz com que pessoas viajem de avião sem nenhum problema e outras sequer cheguem perto de um aeroporto. Da mesma forma, são essas percepção e atitude individuais que fazem com que alguns investidores apliquem no turbulento mercado de derivativos enquanto outros prefiram comprar barras de ouro e mantê-las dentro de um cofre-forte, embora sempre correndo o risco de o cofre ser arrombado. Em outras palavras, o risco tem um enorme componente comportamental, o que, teoricamente, não permitiria uma padronização de abordagem para seu gerenciamento. Entendam que, quando padronizamos algo, imaginamos que todos se comportariam de forma semelhante perante aquela padronização. Tal não é verdade! Temos atitudes distintas em relação a riscos.

Se contextualizarmos, agora, o que mostramos acima para a área de gerenciamento de projetos, poderemos perceber, segundo De Camprieu, Jacques e Yang (2007), que a percepção dos riscos associados a um empreendimento pode ser distinta para os vários *stakehoders* envolvidos (gerentes, investidores, clientes, parceiros, fornecedores, governo etc.), o que faz com que haja diferentes atitudes em relação a como gerenciá-los. Podemos ir mais longe e concluir que mesmo questões culturais influenciam o modo como organizações percebem os riscos de projetos e, portanto, os gerenciam (De Camprieu, Jacques e Yang, 2007). Segundo esses autores, a cultura de países influencia o gerenciamento de seus projetos. Por exemplo, países orientais têm uma percepção bastante crítica e conservadora em relação aos riscos, enquanto nós, por crermos que Deus é brasileiro, muitas vezes acreditamos que tudo vai sempre dar certo e nos tornamos especialistas, não em planejamento, mas sim em improvisação, advinda de um inadequado gerenciamento de riscos.

Assim, para Adler (2002), entender como os *stakeholders* percebem os riscos em projetos e quais as suas atitudes em relação a eles é fundamental para uma efetiva comunicação da gerência com as partes interessadas.

Nossa atitude em relação ao risco varia num *continuum*. Esse *continuum* de atitude tem num extremo a "aversão ao risco" (*risk-aversion*) – no qual a pessoa se sente extremamente desconfortável com a incerteza a ele associada –, passa por "tolerância ao risco" (*risk-tolerant*) – quando não há uma resposta planejada ao possível risco –, e tem, no outro extremo, "propensão ao risco" (*risk-seeking*) –, quando se procura o risco em busca de maior grau de utilidade ou bem-estar (Kwak e La Place, 2005).

Mas, afinal, por que tudo isso é importante? Imaginemos um mesmo projeto gerenciado por um gerente *risk-aversion* e por outro *risk-seeking*. Eles teriam seus riscos gerenciados da mesma forma? Claro que não! Além disso, imaginemos que os vários *stakeholders* tenham atitudes distintas em relação aos riscos. Como seria a comunicação entre eles?

Mas o que afeta nossa atitude em relação ao risco? Segundo Hillson e Murray-Webster (2005), fatores situacionais, heurísticas – regras básicas desenvolvidas ao longo da nossa vida, por meio das experiências a que somos submetidos – e emoções afetam essa nossa atitude. Dessa forma, vemos que nossas decisões em relação a como gerenciamos riscos são tudo, menos racionais – essa é, sem dúvida, uma área ainda a ser explorada no gerenciamento de riscos em projetos (Hillson e Murray-Webster, 2005).

Modelos de gerenciamento de riscos em projetos

Já vimos por que projetos têm riscos intrínsecos à sua própria natureza, contexto e planejamento original. Na verdade, a disciplina de gerenciamento de projetos pode ser vista como um esforço para trazer ordem e estruturação aos vários elementos de incerteza associados a um empreendimento.

Quando desenvolvemos a estrutura analítica de projeto (EAP), procuramos definir todo o seu escopo, de modo que ele fique claramente entendido e possa ser comunicado, formando a base para seu controle e monitoramento. Com a EAP definida, não deve haver incerteza acerca do escopo – todo o projeto está descrito na EAP, e o que não está ali descrito não está no projeto. Isso também ocorre na área de custos e tempo, por exemplo, em que cronogramas, orçamentos etc. são desenvolvidos para que não paire incerteza sobre o que ocorrerá nessas áreas de conhecimento.

Desse modo, embora possamos ver que cada disciplina de gerenciamento de projetos lida, a seu modo, com a incerteza associada ao empreendimento, é o gerenciamento de riscos que lida especifica e intencionalmente com as incertezas (riscos) que têm impacto sobre o empreendimento. O objetivo do gerenciamento de riscos é reduzir o número de incertezas que podem se materializar em problemas e minimizar o efeito daquelas que venham a ocorrer (Hillson, 2009). Da mesma forma, o gerenciamento de riscos procura aproveitar as oportunidades geradas a partir de incertezas, sendo proativo em reconhecê-las e delas extrair benefícios. Um gerenciamento de riscos eficaz minimiza as ameaças e maximiza as oportunidades associadas ao projeto. Autores mostram que tal gerenciamento, quando eficaz e eficiente, é antecedente fundamental para o sucesso de um empreendimento (Hillson, 2009). Infelizmente, outros autores mostram que um adequado gerenciamento de riscos ainda é raro em muitos projetos e que a própria maturidade das organizações, no que tange ao assunto, é ainda muito baixa (Modica et al., 2010). Isso, no entanto, não deve nos fazer esmorecer em nossa busca por um gerenciamento de riscos cada vez melhor.

Para tal, há hoje vários modelos passíveis de serem aplicados, os quais analisaremos a seguir, culminando com a metodologia do *PMBOK®* (PMI, 2013) aplicada ao gerenciamento de riscos em projetos.

Segundo Kerzner (2002), um gerenciamento de riscos adequado implica controlar possíveis eventos futuros de maneira proativa e não reativa. Verzuh (1999) também enfatiza a importância de ele ser sistemático, para aumentar a capacidade de controle de riscos em projetos.

De maneira geral, todos os modelos de gerenciamento de riscos em projetos seguem uma metodologia semelhante, qual seja: identificá-los, avaliá-los, tratá-los, controlá-los e monitorá-los. Em torno dessa abordagem padrão, há pequenas variações dependendo do modelo usado. O quadro 1 consolida as etapas relativas ao gerenciamento de riscos segundo várias fontes referenciais. Além disso, de modo geral, Goldberg e Weber (1998) sistematizam o processo de gerenciamento de riscos em projetos por meio da figura 4.

Quadro 1

MODELOS GERAIS DE GERENCIAMENTO DE RISCOS

Fonte	Processos de gerenciamento de riscos
GREAT BRITAIN. Office of Government Commerce. Prince (2002)	Identificação Avaliação Identificação de respostas adequadas Seleção de respostas para tratamento Planejamento (tempo, recursos) das respostas Monitoramento e comunicação
Smith e Merrit (2002)	Identificação Análise Mapeamento e priorização Resolução Monitoramento
PMI (2013)	Planejamento do gerenciamento Identificação de riscos Análise qualitativa Análise quantitativa Planejamento das respostas Monitoramento e controle
ABNT (2006) – NBR ISO 10.006	Identificação Avaliação Tratamento Controle

Fonte: Fortes (2011:28).

O gerenciamento de riscos em projetos segundo o PMBOK®

Como visto, as diversas metodologias existentes para gerenciamento de projetos abordam o gerenciamento de riscos de forma muito similar. Sendo assim, e considerando que nosso livro se baseia na metodologia *PMBOK®* (PMI, 2013), é interessante descrevermos de forma sucinta os seis processos que essa metodologia indica como necessários para o gerenciamento de riscos. Devemos lembrar a você, leitor, que os próximos capítulos deste livro abordam justamente esses seis processos, em profundidade.

Figura 4

O PROCESSO DE GERENCIAMENTO DE RISCOS EM PROJETOS

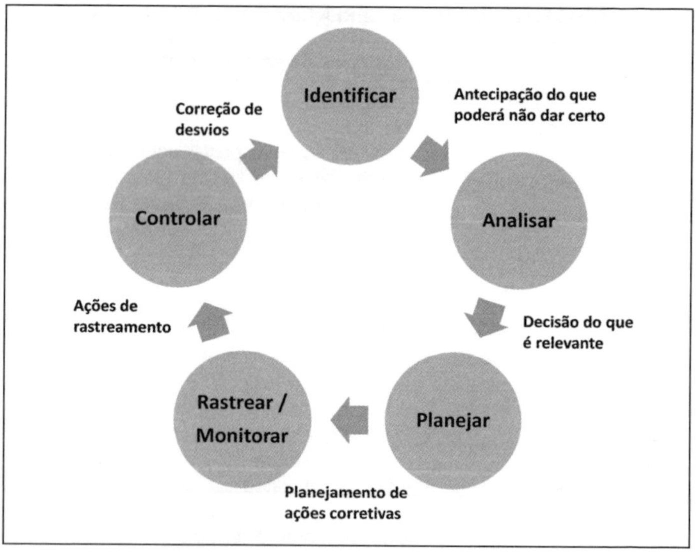

Fonte: Goldberg e Weber (1998).

No *PMBOK®* (PMI, 2013), o gerenciamento de riscos em projetos é composto dos processos de planejamento, identificação, análise (qualitativa e quantitativa), planejamento de respostas, monitoramento e controle de riscos envolvidos. Os objetivos do gerenciamento de riscos são aumentar a probabilidade e o impacto dos eventos positivos (oportunidades) e reduzir a probabilidade e o impacto dos eventos negativos (ameaças) no projeto. A seguir, apresentamos um resumo desses seis processos, os quais, como já dissemos, serão foco dos próximos capítulos (Fortes, 2011:29-30):

- planejamento do gerenciamento do risco: decisão de como abordar e planejar o gerenciamento de riscos em projetos;
- identificação do risco: determinação de quais riscos podem afetar o projeto e documentação de suas características;
- análise qualitativa do risco: execução de uma análise qualitativa dos riscos para avaliar seus efeitos nos objetivos do projeto e priorizá-los;
- análise quantitativa do risco: medição da probabilidade e consequência dos riscos e estimação de suas implicações nos objetivos do projeto;
- planejamento da resposta ao risco: elaboração e implementação de procedimentos e técnicas para reduzir as ameaças e reforçar oportunidades aos objetivos do projeto;
- monitoramento e controle do risco: monitoramento dos riscos residuais, identificação de novos riscos, execução de planos de redução dos riscos, e avaliação de sua eficácia durante todo o ciclo de vida do projeto.

Neste capítulo procuramos percorrer brevemente a história do risco na humanidade, introduzir o complexo conceito de risco e sua ligação com o conceito de incerteza, explicar por que projetos têm riscos intrínsecos, descrever seus componentes e analisar os tipos de risco existentes. Procuramos, também, apresentar o lado comportamental do gerenciamento de riscos em projetos a partir da percepção individual e, finalmente, apresentar alguns modelos consagrados desse tipo de gerenciamento, com natural ênfase na abordagem do *PMBOK*® do PMI.

Nos próximos capítulos, você, leitor, iniciará uma viagem pelos seis processos de gerenciamento de riscos preconizados pelo *PMBOK®*, já municiado da necessária base para entendê-los, razão maior deste capítulo.

2

Planejamento do gerenciamento e identificação de riscos em projetos

Começamos este capítulo com uma pergunta ainda sem resposta: Existe projeto perfeito? Até hoje não se viu registro de um projeto perfeito, com planejamento perfeito, sem alterações ou indefinições e incertezas. Isso seria algo inédito. Você já vivenciou um empreendimento assim?

Segundo Alencar e Schmitz (2005:5): "O problema é que os elementos que um gerente necessita para produzir uma estimativa confiável são intrinsecamente incertos e só serão totalmente conhecidos em algum ponto do futuro".

Processos são repetitivos, possuem passado, sua previsibilidade atenua os riscos, permitindo assim maior facilidade em obter estimativas. Por outro lado, projetos são únicos, dizem respeito ao futuro, sua imprevisibilidade acentua riscos e provoca maior dificuldade em obter estimativas.

É aí que entra a gestão de riscos na busca do projeto de sucesso. Mais uma vez citando Alencar e Schmitz (2005:6): "Já que os projetos estão repletos de incertezas, [...] os gerentes de projeto deveriam estar aptos a lidar com estas incertezas, em todas as suas dimensões".

Mas será mesmo que estamos aptos?

Neste capítulo vamos abordar o planejamento para gerenciamento de riscos e a identificação destes. São os primeiros passos de uma jornada que, certamente, vai mudar os resultados obtidos em seus novos empreendimentos.

Como ponto de partida, precisamos definir as regras, antes mesmo de começar. O planejamento do gerenciamento de riscos em um projeto tem por objetivo gerar o documento que lista as regras e diretrizes desse gerenciamento, de maneira a refletir as necessidades da organização e do empreendimento em si. Para esse planejamento, é preciso entender o perfil e o comportamento da empresa, assim como a importância e a representatividade do projeto para ela. Somente assim é possível traçar uma estratégia adequada para gerenciar os riscos.

Planejamento do gerenciamento de riscos em projetos

É o processo que envolve uma análise por parte do gerente de projeto, com apoio de sua equipe (e outros *stakeholders* identificados por ele) a respeito de como a organização irá lidar com os riscos.

No processo de planejamento do gerenciamento de riscos, vamos definir uma metodologia para conduzir as atividades ligadas aos demais processos de gerenciamento de riscos do projeto. A visibilidade e a abrangência do gerenciamento de riscos devem ser proporcionais à importância deste projeto para a organização.

Como mostrado na figura 5, o gerenciamento de riscos, desde seu planejamento, deve ser feito na concepção do projeto, no momento de seu planejamento inicial, antes de tomarmos a decisão final se devemos ir em frente ou não (momento de decisão de *go/no go* ou de fechamento da proposta).

Em suma, o planejamento para o gerenciamento de riscos é uma reflexão conduzida nas fases de concepção do projeto, procurando reproduzir uma análise do cenário para a gestão de riscos, bem como responder a algumas questões básicas, como:

- Qual o papel e a importância que o gerenciamento de riscos irá ter no desenvolvimento do projeto?
- Haverá resistências ao seu uso por parte dos *stakeholders*? Quais? Como enfrentá-las?
- Quem serão os *stakeholders* envolvidos? Quais são suas responsabilidades no processo?
- Qual a metodologia a ser utilizada?
- Será utilizado algum sistema ou ferramenta automatizada? Qual?
- Quais os formulários e relatórios que serão usados? Onde encontrá-los?
- Quais as métricas a serem aplicadas para a análise e acompanhamento dos riscos do projeto? Quais os indicadores?

Figura 5

MOMENTO DE INICIAR O GERENCIAMENTO DE RISCOS

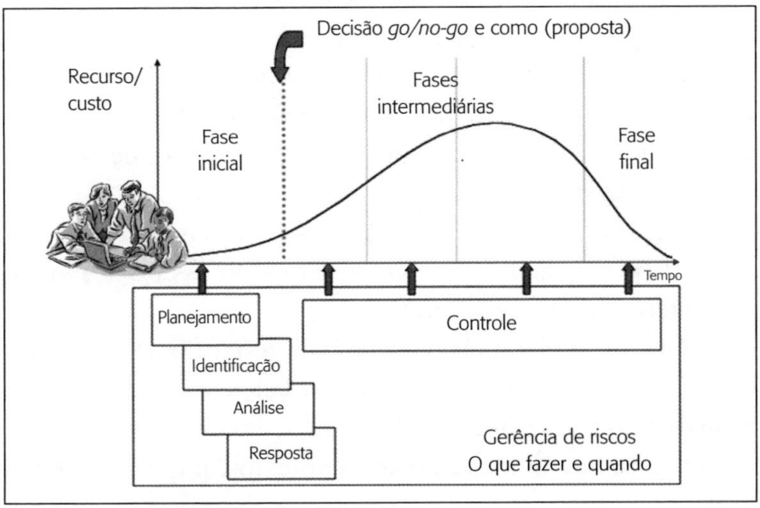

Vale ressaltar que independentemente do momento de início das atividades relacionadas ao gerenciamento de riscos, todo o planejamento do projeto precisa ser conduzido em conjunto. Em outras palavras, não há como realizar o planejamento do gerenciamento de riscos sem o apoio das informações geradas nos processos de planejamento das demais áreas de conhecimento. O plano de gerenciamento de custos, o plano de gerenciamento do cronograma, o plano de gerenciamento de comunicações, enfim, todos os planos de gerenciamento das áreas de conhecimento estão relacionados entre si e, obviamente, influenciam e são influenciados pelo plano de gerenciamento de riscos.

Sem dúvida nenhuma, o planejamento e os demais processos do gerenciamento de riscos envolvem um conjunto de atividades a serem desenvolvidas ainda nas etapas iniciais de um projeto. Considerando que este sequer está aprovado, poderíamos então nos perguntar: Mas e se o cliente desistir ou não aprovar? Não seria um trabalho em vão? Já temos tantas atividades a realizar ao apresentar uma proposta de projeto para o cliente e a pressão de prazos é sempre um obstáculo. A resposta vem com outra pergunta: Mas e se ele não desistir?

Seguir com um projeto sem gerenciar riscos é como pegar um carro na concessionária e ir para rua sem seguro. De que adianta colocar um carro no seguro depois de sofrer o acidente? O momento correto de contratar o seguro é antes de retirá-lo da concessionária.

E então? Está convencido a investir mais tempo nas atividades de planejamento para gerenciar os riscos do seu projeto ou prefere contar com a sorte?

Para direcionar o planejamento da gestão dos riscos, é preciso entender melhor a representatividade e a importância do projeto e do gerenciamento de seus riscos para a organização. Assim, é imprescindível avaliar o contexto em que se insere o projeto.

Maturidade em gerenciamento de riscos

No intuito de avaliar o entorno do projeto, devemos iniciar uma reflexão sobre os ambientes interno e externo à organização. Chega, portanto, a hora de nos perguntarmos:

- Eu trabalho em uma empresa conservadora ou agressiva?
- Qual a representatividade do meu projeto para a empresa?
- Há uma cultura de gerenciamento de riscos na organização? Se sim, em que nível de maturidade?
- Como está o mercado em que atuo? Devo adaptar o meu perfil às necessidades do negócio?

No estudo de *benchmarking* de gerenciamento de projetos realizado em 2009 pelos capítulos brasileiros do Project Management Institute (PMI), apenas 35% das organizações participantes da pesquisa disseram tratar riscos formalmente, com uma metodologia estruturada por políticas, procedimentos e formulários. Ainda na mesma pesquisa, 54% das organizações afirmam realizar informalmente o gerenciamento de riscos, dependendo do interesse e da necessidade do responsável pelo mesmo. E, por fim, verificou-se que 11% das organizações simplesmente não tratam riscos em seus projetos (ver a figura 6).

A maturidade em gerenciamento de riscos da empresa em que você trabalha influencia diretamente sua forma de lidar com as incertezas em seus projetos (ver quadro 2). Assim, é o momento de entender o apetite a riscos de nossa organização e, por outro lado, como será efetivamente sua atitude real ao lidar com eles.

Mas o que seria o apetite a riscos de uma organização? Por outro lado, como entender melhor o significado das atitudes? Vejamos a seguir.

Figura 6

ESTUDO DE BENCHMARKING EM GERENCIAMENTO DE PROJETOS

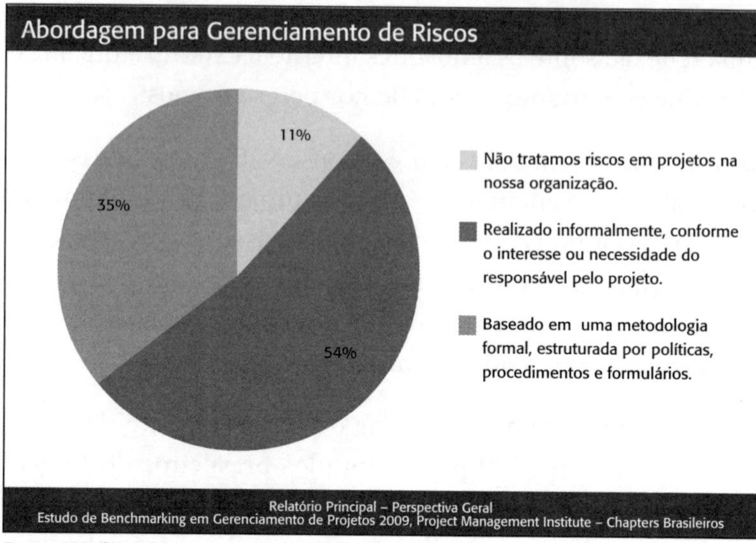

Fonte: PMI (2009).

Quadro 2

MATURIDADE EM GERENCIAMENTO DE RISCOS NAS ORGANIZAÇÕES – APETITE VERSUS ATITUDE

Maturidade em gerenciamento de riscos	
Organizações pouco maduras	**Organizações maduras**
Não entendemos, nem ligamos para isso.	O gerenciamento dos riscos faz parte do gerenciamento do projeto (sempre).
Sabemos que existe, não sabemos aplicar.	Procuramos estar em dia com as melhores práticas e técnicas.
Não faz parte da cultura da empresa.	Processo de gerenciamento de riscos é tratado no nível estratégico (alta gerência) da empresa.
Podemos fazer, se o cliente mandar (e pagar, é claro).	Sabemos da importância de ter dados precisos para as análises de risco.
É um negócio muito complexo, não dá retorno.	Entendemos o valor do gerenciamento de riscos para o projeto.

Existe uma grande diferença entre apetite a riscos de uma organização e atitude dessa organização.

O apetite diz respeito à cultura organizacional, ao usual, ao habitual da empresa. Reflete o gosto que a organização tem por lidar com situações de incerteza. Em outras palavras, reflete a tolerância a riscos da organização.

A atitude, por outro lado, diz respeito ao posicionamento tomado frente a eventos de risco em determinada situação, independentemente da cultura organizacional. Em outras palavras, reflete a postura pretendida.

Muitas vezes uma empresa conservadora se vê obrigada a tomar atitudes agressivas frente às incertezas de seus projetos, tornando-se uma exímia tomadora de riscos. Isso não é um paradoxo nem uma incoerência de comportamento, mas sim uma necessidade.

Por exemplo, em 2008 vivemos uma forte crise financeira internacional que levou as organizações a puxarem o freio de seus investimentos. Mesmo as mais agressivas e tomadoras de riscos se viram obrigadas a agir com parcimônia. Já em 2011, por outro lado, vivemos um período de forte valorização imobiliária em todo o Brasil, e até mesmo os investidores ou mesmo as construtoras e imobiliárias com perfis mais conservadores se sentiram, de certa forma, mais confortáveis em ousar, assumindo projetos de maior risco, dada a situação aquecida e promissora do mercado imobiliário.

Nesse contexto, você deve não apenas entender o apetite ou tolerância a riscos da organização na qual trabalha, mas principalmente identificar a estratégia relativa à atitude a ser adotada frente aos riscos do projeto em questão. Assim, será possível definir a metodologia adequada para conduzir a gestão de riscos.

Estando clara a necessidade do gerenciamento de riscos para a organização, ficam as seguintes dúvidas: como organizar o planejamento para o gerenciamento de riscos? Quem participa desse trabalho?

As reuniões de planejamento são o portão de entrada, para a organização, das informações a serem consideradas no plano de gerenciamento de riscos.

Reuniões de planejamento

Com o objetivo de preparar o plano de gerenciamento de riscos, parte integrante do plano de gerenciamento do projeto, uma ou mais reuniões de planejamento são conduzidas pelo gerente de projeto com os membros da equipe, alguns *stakeholders* identificados por ele e membros da organização com responsabilidade de gerenciar o planejamento de riscos.

Tais reuniões têm como foco principal obter os seguintes resultados:

- plano de alto nível para gestão dos riscos;
- elementos de custos a serem incluídos no orçamento;
- atividades a serem incluídas no cronograma;
- abordagens para utilização de reservas de contingência;
- responsabilidades no gerenciamento do risco;
- criação de categorias de riscos;
- matriz de probabilidade e impacto: definições básicas sobre níveis de risco, probabilidades (por tipo de risco), impactos (por tipo de objetivo).

Como dados de entrada para esse trabalho, o gerente e demais participantes da reunião devem considerar todos os documentos já concebidos no projeto, bem como as informações disponibilizadas pela organização. Entre eles, podemos citar:

- termo de abertura do projeto (*project charter*);
- declaração de escopo (objetivos, justificativa, premissas, restrições, descrição dos produtos e demais informações);

- estrutura analítica do projeto (EAP ou *WBS – work breakdown structure*);
- estimativas iniciais de prazos;
- estimativas iniciais de custos;
- cultura organizacional (apetite e atitude);
- bancos de dados (informações históricas);
- política corporativa (procedimentos ou metodologia já existentes para gerenciar riscos: formulários padrão, nomenclaturas, categorização de riscos, definição e descrição de papéis etc.).

Um único documento é gerado como resultado das reuniões de planejamento. Esse documento é conhecido como plano de gerenciamento de riscos e deverá orientar o gerente (e os demais envolvidos) na condução das ações de gestão de riscos ao longo do ciclo de vida do projeto.

Plano de gerenciamento de riscos

Conforme explanado, o plano de gerenciamento de riscos é parte integrante do plano de gerenciamento do projeto e descreve todas as orientações dadas pelo gerente e sua equipe para indicar como o gerenciamento dos riscos será estruturado e realizado ao longo do projeto.

Vamos agora explicitar o que deverá fazer parte desse documento.

O plano de gerenciamento de riscos deve referenciar a metodologia a ser utilizada, as abordagens, ferramentas disponíveis e fontes de dados para consulta. Nesse documento são definidos papéis e responsabilidades, ou seja, identificamos um líder, a equipe de suporte e demais membros da equipe envolvidos no gerenciamento de riscos do projeto. Uma matriz de responsabilidade, bem como uma matriz de comunicação para as atividades de gerenciamento de riscos poderão ser preparadas como documentação de suporte.

Para que se possa estabelecer uma metodologia de gerenciamento de riscos, é preciso desenvolver um documento padrão que poderá servir de referência para futuros projetos. Vamos definir como serão os relatórios a serem produzidos ao longo dos processos, ou seja, descrever o conteúdo e formato do registro ou lista de riscos (LR), bem como dos demais relatórios gerados.

No planejamento do gerenciamento de riscos – em coordenação com os processos de gerenciamento de tempo para desenvolvimento do cronograma e com os processos de gerenciamento de custos para o desenvolvimento do orçamento –, definimos as atividades para a gestão de riscos a serem incluídas no cronograma, seus prazos, frequência com que serão realizadas, recursos atribuídos e estimativa de custos para as mesmas. Além disso, estabelecemos protocolos para a aplicação (e utilização) das reservas de contingência do orçamento e do cronograma.

Para evitar surpresas, revisamos a tolerância a riscos dos *stakeholders* com relação ao projeto e refletimos as percepções colhidas no plano de gerenciamento de riscos.

Desde a elaboração desse documento de planejamento já precisamos definir os níveis de probabilidade e impacto dos riscos, para uso na etapa de análise qualitativa dos mesmos. O ideal é preparar uma matriz de probabilidade e impacto e inseri-la no plano de gerenciamento de riscos. As combinações de probabilidade e impacto que fazem com que um risco seja classificado como alto, moderado ou baixo são definidas pela organização e variam conforme o apetite (tolerância) e a atitude de cada organização frente aos riscos em cada projeto.

Observe o exemplo apresentado no quadro 3 a seguir (PMI, 2013:318).

Quadro 3

Escala de Impactos versus Objetivos principais do projeto

	IMPACTOS NEGATIVOS				
Objetivos do Projeto	**Muito baixo 0,05**	**Baixo 0,10**	**Moderado 0,20**	**Alto 0,40**	**Muito alto 0,80**
Custo	Aumento Insignificante	<10% de aumento no custo	10-20% de aumento do custo	20-40% de aumento do custo	>40% de aumento do custo
Tempo	Aumento Insignificante	<5% de aumento no tempo	5-10% de aumento no tempo	10-20% de aumento no tempo	>20% de aumento no tempo
Escopo	Diminuição pouco notável	Áreas secundárias de escopo afetadas	Áreas principais de escopo afetadas	Redução de escopo inaceitável para o patrocinador	Produto final do projeto é efetivamente inútil
Qualidade	Redução pouco notável	Somente aplicações muito exigentes são afetadas	Redução da qualidade requer aprovação do patrocinador	Redução da qualidade inaceitável para o patrocinador	Produto final do projeto é efetivamente inútil

Fonte: PMI (2013:318).

No exemplo do quadro 3, vimos apenas impactos negativos relacionados aos quatro principais objetivos do empreendimento em questão. Nem sempre os objetivos principais serão os mesmos para todos os projetos e, além disso, podemos também elaborar uma tabela similar para os impactos positivos, ou seja, oportunidades.

No capítulo 3 você terá mais informações sobre a matriz de probabilidade e impacto, quando for abordada a análise qualitativa de riscos.

As boas práticas da gestão de riscos indicam que devemos registrar seu acompanhamento e controle de maneira organizada, para que sirva de referência para futuros projetos. As práticas de acompanhamento e registro devem ser padronizadas e definidas no plano de gerenciamento de riscos. Até mesmo as definições a respeito de possíveis auditorias nos processos de gestão de riscos devem ser estabelecidas no plano.

Por fim, há uma importante informação a ser inserida no plano de gerenciamento de riscos: as categorias de riscos. A ideia é definir uma estrutura que ajude na organização dos riscos identificados, agrupando-os em categorias. Esse trabalho traz um enorme benefício para os processos subsequentes, conforme veremos a seguir.

Categorias de riscos

As categorias de riscos geralmente são estruturas que refletem as principais fontes potenciais de riscos do projeto. Para estabelecê-las, podemos utilizar uma lista de categorias ou uma estrutura analítica de riscos (EAR).

Muitas vezes, riscos em uma mesma categoria podem ser abordados com a mesma resposta. Sendo assim, a lista de categorias e subcategorias ajuda a identificar riscos ou grupos deles que poderão ser tratados juntos, com uma mesma estratégia e, até mesmo, com uma única resposta. Veremos mais detalhes sobre as estratégias de resposta a riscos no capítulo 4.

Observe na figura 7 um exemplo de EAR de um projeto com dois níveis. O primeiro nível diz respeito às principais categorias. O segundo nível diz respeito às subcategorias relacionadas ao primeiro nível.

Nesse exemplo, a categoria dos riscos técnicos envolve tudo que se refere à tecnologia do projeto, requisitos, testes e demais entregas (*deliverables*) associadas. A categoria dos riscos externos é representada por incertezas inerentes ao ambiente externo ao projeto e que o afetam, tais como: mercado, disponibilidade de fornecedores, postura do cliente, entre outras. A categoria de riscos internos (organizacionais) refere-se a incertezas causadas pela estrutura e cultura organizacional da empresa, incluindo estratégias de priorização, disponibilidade de financiamento e até infraestrutura disponível. Na categoria de riscos de gerenciamento de projeto agrupamos todas as incertezas geradas pela ineficiência de planejamento e controle de suas atividades, bem como demais processos do seu gerenciamento. Por fim, na categoria de riscos relacionados ao local do projeto, englobamos aqueles provocados pelas incertezas associadas ao clima, ao solo e até mesmo à cultura regional.

Figura 7

Exemplo de estrutura analítica de riscos

Fonte: PMI (2009:280).

Outra linha de raciocínio é criar categorias conforme os objetivos definidos, por exemplo: escopo, tempo, custo e qualidade. Dessa maneira podemos partir dessas categorias para identificar os fatores de risco.

A EAR é uma forma de organizar as categorias e será de grande ajuda para a equipe na identificação dos riscos do projeto, relembrando aos envolvidos algumas de suas principais fontes. Podemos dizer que o desenvolvimento da EAR é o ponto de partida para o processo de identificação de riscos, que veremos a seguir.

Identificação de riscos em projetos

Nesse ponto, tendo estabelecido o plano de gerenciamento de riscos, já é possível dar início à identificação daqueles que podem afetar o projeto. Todos os demais processos de gerenciamento de riscos dependem diretamente da identificação dos riscos. Somente os riscos identificados ou, melhor ainda, identificáveis serão levados às próximas etapas de análise, planejamento de resposta e controle. É certo que riscos novos podem ser identificados posteriormente ao longo das demais etapas, em especial ao aplicarmos as respostas aos riscos, visto que outras perspectivas e pontos de vista podem surgir. Uma resposta pode impactar o projeto de maneira a permitir o aparecimento de novos riscos.

Como visto no capítulo 1, os riscos identificáveis são aqueles que somos capazes de perceber, ou seja, são os possíveis impactos ao projeto que somos capazes de identificar, normalmente em função de dados históricos ou experiência de especialistas no assunto. Esses são os que conseguimos tratar por meio do gerenciamento. É possível realizar uma análise deles, prever respostas a eles e controlá-los. Em outras palavras, prever reservas de contenção ou de contingência.

Já os riscos não identificáveis são aqueles que sequer somos capazes de perceber quando do planejamento do projeto, ou seja, seus impactos ainda não são conhecidos. Mesmo os mais experientes não seriam capazes de identificá-los, possivelmente por serem inéditos, nunca antes ocorridos. Eles estão fora do âmbito de atuação do gerenciamento de riscos, como visto no capítulo 1. Não conseguimos identificá-los; logo não é possível realizar análise ou planejamento de resposta.

Em suma, o objetivo principal da identificação de riscos é gerar uma lista ou registro daqueles que podem afetar os objetivos do projeto positiva ou negativamente, gerando oportunidades ou ameaças.

A identificação é o processo que dispara o gerenciamento de riscos. Trata-se de um processo interativo, pois novos riscos podem surgir ou ser identificados ao longo do ciclo de vida do projeto. Vamos entender como funciona.

Como identificar riscos

Para identificar os riscos de um projeto é preciso avaliar todos os aspectos que envolvam incertezas. Por exemplo, são fontes potenciais de riscos:

- itens do escopo;
- entrega da EAP;
- atividades do cronograma;
- estimativas de tempo, recursos e custos;
- recursos do orçamento;
- documentação;
- contratos;
- *stakeholders*; e
- restrições e premissas.

Todas as demais áreas de conhecimento de gerenciamento de projetos podem ser consideradas fontes geradoras potenciais de riscos, conforme o quadro 4.

Para começar o trabalho, devemos buscar as informações dentro do estoque de conhecimento da organização, o que inclui uma revisão de banco de dados com informações históricas e consulta aos especialistas internos.

Quadro 4
FONTES POTENCIAIS DE RISCOS VERSUS ÁREAS DE CONHECIMENTO DE GERENCIAMENTODE PROJETOS

Área de conhecimento	Potencial risco associado
Integração	Ambiente do projeto
Escopo	Escopo maldefinido
Tempo	Estimativas de prazo agressivas ou inviáveis
Custo	Orçamentos agressivos ou inviáveis
Recursos Humanos	Ausência por doença Capacitação insuficiente Produtividade aquém do esperado
Comunicação	Perda de informação Comunicação ineficaz Informação desatualizada
Qualidade	Falhas ou inadequação do produto
Aquisições	Desempenho aquém do esperado Produtos fora das especificações Falta de compromisso com os prazos
Stakeholders	Influências positivas ou negativas

Consultorias e *benchmarkings* também são opções para complementar a coleta de informações, em especial nos casos em que não haja experiências anteriores com projetos similares dentro da organização.

Estoque de conhecimento

O estoque de conhecimento de uma organização é seu bem mais precioso. Registros de informações históricas e lições aprendidas, bem como a experiência dos especialistas, compõem a fonte principal para a pesquisa inicial. Isso inclui *checklists* de riscos, bancos de dados e arquivos de projetos anteriores.

Uma forma de aproveitar o estoque de conhecimento é a analogia. Usar a analogia é uma maneira de buscar informações históricas e conhecimento acumulado em empreendimentos similares anteriores. Podemos realizar analogia com projetos internos buscando o estoque de conhecimento. Essas informações, para que possam ser aproveitadas, devem ser registradas e organizadas em um banco de dados interno sobre riscos a ser mantido pela organização. Podemos, alternativamente, buscar registros de projetos externos, por meio de bancos de dados mantidos por outras organizações, caso estejam disponíveis. Infelizmente, a analogia externa não é uma prática muito comum, já que dificilmente as organizações compartilham suas experiências negativas para não se exporem – e muito menos suas experiências positivas, que representam seu diferencial competitivo.

O uso de informações por meio da analogia permite maior rapidez e exatidão no processo de identificação de riscos. Nenhum projeto novo está associado a uma lista de riscos inteiramente nova. Aqueles que possuem as mesmas características tendem a apresentar um número bastante grande de riscos típicos.

É importante notar que a confiabilidade das informações coletadas por meio do uso de analogia depende diretamente:

- dos dados utilizados, ou seja, é imprescindível que os projetos sejam similares de fato, e não aparentemente;
- dos profissionais que realizam a analogia, ou seja, eles devem ser necessariamente especialistas no assunto.

Manter um banco de dados com os registros de riscos identificados nos projetos faz parte do conjunto de boas práticas de gerenciamento. Dessa forma, criamos uma fonte de pesquisa de informações históricas confiáveis que, certamente, servirá de ponto de partida para identificação de riscos em empreendimentos futuros.

Premissas de planejamento dos riscos

Todo projeto é repleto de incertezas, em especial nas suas fases iniciais, quando ainda temos poucas informações. Faz-se necessário estabelecer premissas – hipóteses assumidas como verdades pela equipe e pelo gerente – para fins de planejamento.

Ao assumir uma premissa, o gerente e sua equipe assumem também os riscos associados a ela, sua incerteza e seu impacto. Todo projeto (e com ele seus riscos identificados) toma por base um conjunto de premissas, como visto no capítulo 1.

A análise das premissas adotadas explora a validade delas frente ao ciclo de vida do projeto. Nessa análise, é possível identificar os riscos decorrentes do caráter inexato, instável, inconsistente ou incompleto das premissas.

Por exemplo, vamos assumir a premissa de que determinado profissional experiente estará disponível para realizar uma atividade crítica do projeto. Podemos dizer que existe um risco associado a essa premissa, caso o profissional não possa realizar tal atividade e a mesma seja delegada a um profissional menos experiente. Se isso ocorrer, possivelmente a produtividade observada seja diferente, provavelmente aquém da esperada, o que causará atraso por tratar-se de uma atividade crítica.

Assim, premissas devem ser registradas e revisadas ao longo de todo o projeto. Dessa forma, é possível confrontar suas inconsistências, incoerências e incertezas. Os riscos associados a essas premissas devem ser devidamente identificados e inseridos na lista ou registro de riscos.

Coleta de informações

Assim que os riscos provenientes de dados históricos, bem como os oriundos das premissas estiverem mapeados, partiremos para o trabalho de coleta de informações para identificar novos riscos.

Nesse processo de identificação, assim como em qualquer situação em que seja preciso coletar, buscar ou pesquisar informações, podemos utilizar algumas ferramentas, entre as quais:

- entrevistas;
- *brainstorming* e *brainwritting*;
- técnica Delphi;
- análise da causa-raiz.

Entrevistas

Entrevistar pessoas a fim de coletar dados para o projeto deve ser um trabalho planejado e estruturado, de forma que consigamos as informações corretas, sem gerar problemas de relacionamento com os *stakeholders*. Em outras palavras, algumas entrevistas malconduzidas acabam aborrecendo o entrevistado, perturbando o bom andamento dos trabalhos, e as informações coletadas provavelmente não serão as melhores.

Para que tenhamos uma entrevista bem conduzida, é necessário planejá-la. Vamos, então, tratar a entrevista como um projeto e criar uma EAP para seu escopo conforme a figura 8.

Figura 8

Exemplo de EAP para uma entrevista

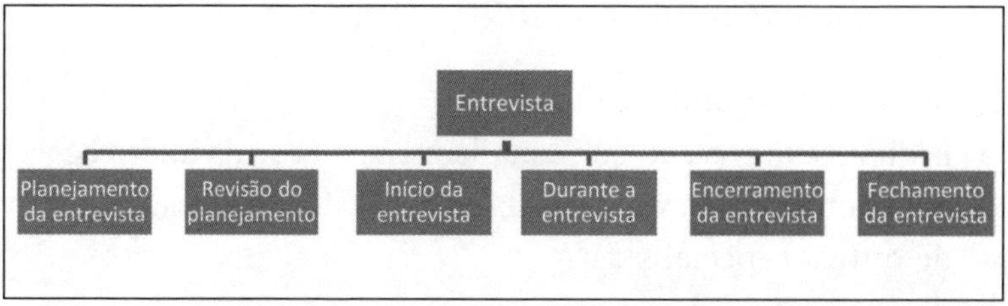

No planejamento da entrevista, definem-se:

- objetivo;
- abrangência;
- local, hora e duração;
- roteiro;
- forma de condução.

Na revisão do planejamento, é importante:

- conhecer os entrevistados;
- identificar os problemas de agenda;
- revisar os roteiros.

No início da entrevista, é necessário:

- manter um diálogo informal;
- esclarecer os objetivos;
- fazer perguntas genéricas.

Durante a entrevista, recomendamos:

- manter um roteiro;
- escutar com atenção;
- agregar valor às respostas;
- evitar comentários tendenciosos e sugestões;
- sanar as dúvidas sobre o que ouviu;
- registrar tudo por escrito ou com gravação.

No encerramento da entrevista, lembre-se de:

- fazer resumo oral da entrevista;
- pedir ao entrevistado que complemente ou corrija informações;
- questionar o entrevistado sobre a necessidade da participação de outros especialistas;
- deixar a porta aberta para possíveis retornos.

Finalmente, no fechamento da entrevista é preciso:

- elaborar o relatório da entrevista.

Definido o escopo de trabalho da entrevista, devemos investir no planejamento de cada etapa, principalmente com relação aos prazos, já que as entrevistas precisam ser agendadas e consomem bastante tempo do entrevistador e dos entrevistados. Assim, é possível mapear essa atividade junto às atividades de gerenciamento a serem inseridas na EAP.

Na entrevista, uma grande desvantagem é que não há interação entre os entrevistados, mas somente entre o entrevistador e cada entrevistado separadamente. Assim, outras técnicas como *brainstorming*, por exemplo, podem ser adotadas, complementarmente, para permitir interação entre os participantes.

Brainstorming e brainwritting

O *brainstorming* é uma das mais conhecidas técnicas para geração e coleta de ideias ou informações. Consiste em estimular e coletar ideias dos participantes continuamente, sem nenhuma preocupação crítica, até que se esgotem todas as possibilidades. A ideia central do *brainstorming* é a "carona na ideia do outro".

Segundo Daychoum (2007:42), os dois princípios básicos do *brainstorming* são: atraso do julgamento; e criatividade em quantidade e qualidade.

O princípio do atraso do julgamento envolve:

- não descartar nenhuma ideia;
- atrasar o julgamento enquanto ainda não houver sido finalizada a geração de ideias.

O princípio da criatividade em quantidade e qualidade pode ser traduzido por:

- quanto mais ideias forem geradas, mais chances de aparecer uma boa ideia;
- uma ideia má pode levar a outra ideia, que pode ser boa.

Daychoum (2007:43) sugere ainda que um *brainstorming* bem conduzido deve seguir algumas regras básicas, focando na rejeição às críticas e no estímulo à criatividade, conforme ilustra o quadro 5.

O *brainstorming*, ou tempestade de ideias, ou "toró de palpite" (como também é conhecido), funciona da seguinte forma: primeiramente, define-se um facilitador (geralmente o gerente de projetos) para conduzir a reunião, que deve ser dinâmica e voltada para a identificação de riscos. Esse facilitador ou líder deve conhecer bem o processo de *brainstorming* e ser capaz de manter-se relaxado em atmosfera descontraída.

Quadro 5

AS REGRAS DE OURO DO BRAINSTORMING

1	Críticas são rejeitadas.	Principal regra, diferencial.
2	Criatividade é bem-vinda.	Encorajar participantes, sem preconceitos.
3	Quantidade é necessária.	Quantidade gera qualidade.
4	Combinação e aperfeiçoamento são imprescindíveis.	Encorajar ideias adicionais para construção e reconstrução sobre as ideias dos outros.

O grupo gerador de ideias deve ser composto por uma equipe de seis a 12 participantes. O líder deve indicar tais participantes para a reunião entre os membros da equipe do projeto ou fora dela, com o cuidado de não envolver pessoas que podem não agregar valor ao processo ou mesmo prejudicar o andamento da reunião. Os participantes devem ter experiência no assunto, para que suas observações sejam pertinentes. Não é aconselhável misturar diferentes níveis hierárquicos, já que isso pode intimidar alguns participantes em suas posições e colocações. Imagine participar de uma reunião com seu superior. Você estaria à vontade para expor suas opiniões da mesma forma que estaria se a reunião envolvesse apenas seus pares na estrutura hierárquica?

Dependendo do relacionamento com o cliente, pode-se convidá-lo para participar. É uma forma de fazer o cliente perceber que os riscos fazem parte do projeto, não sendo responsabilidade exclusiva do fornecedor. Nesse caso, devemos focar apenas naqueles inerentes ao empreendimento, não abordando riscos internos da equipe ou do fornecedor.

Além disso, deverá ser definido um apoio administrativo para registrar (anotar rapidamente) tudo que for sugerido na sessão.

Para conduzir adequadamente um processo de *brainstorming*, com objetivos claros e visando a uma rica coleta de informações, vamos seguir o passo a passo a seguir:

(i) definir o "enunciado do problema" de forma clara;
(ii) selecionar os participantes do grupo de geração de ideias (geralmente seis a 12 pessoas);
(iii) designar um apoio administrativo para agendar as sessões e registrar as informações em cada sessão;
(iv) enviar o resumo de informações e o contexto do projeto a todos os participantes;
(v) escrever em um quadro visível a todos o "enunciado do problema";
(vi) iniciar a sessão explicando e reforçando as regras do *brainstorming*;
(vii) estabelecer a ordem em que cada participante vai falar (um a um);
(viii) registrar ou gravar todas as contribuições (apoio administrativo);
(ix) encerrar a sessão após, aproximadamente, 30 minutos;

(x) selecionar os participantes para o grupo de avaliação (geralmente três a cinco pessoas);
(xi) avaliar a lista de ideias (riscos) gerada, selecionando as melhores;
(xii) voltar com o resultado obtido para o grupo original, para reavaliar e gerar novas ideias;
(xiii) entregar a lista final ao grupo de trabalho do projeto.

Ao final do processo é possível organizar uma lista de riscos, em função das contribuições coletadas na sessão.

Uma técnica decorrente do *brainstorming* é o *brainwritting*. Com o mesmo objetivo, esta técnica gera ideias (riscos), por escrito, em vez de ser por meio de debates. Ela compreende os seguintes passos:

(i) cada participante anota os principais riscos (de acordo com seu ponto de vista) numa folha;
(ii) após um período de tempo combinado as folhas são trocadas (no sentido horário, por exemplo) entre os participantes;
(iii) repete-se o passo quantas vezes forem necessárias e elabora-se uma lista dos riscos visualizados pelo grupo;
(iv) selecionam-se os riscos que farão parte da lista final.

Em resumo, em um *brainstorming* ou em um *brainwritting* não se deve deixar dificultar o processo criativo, ou seja: "não ao não". Além dessa, não existe outra regra – todo processo criativo é anárquico, por natureza.

O grande complicador dessas duas técnicas é que, para a realização da sessão de coleta de ideias, os participantes necessariamente precisam estar disponíveis fisicamente no mesmo ambiente, em um horário comum. Todos conhecem a dificuldade de conseguir reunir grupos e conciliar horários – isso nem sempre é factível. Tal circunstância pode atrasar o processo de identificação de riscos. Além disso, mesmo com regras explicitamente claras, poderá haver inibição dos participantes, em especial no caso de mistura de níveis hierárquicos.

Os limitantes expostos podem inviabilizar o uso das técnicas de *brainstorming* e *brainwritting*. A técnica Delphi é uma opção alternativa ao *brainstorming* ou mesmo uma opção complementar a ele, conforme veremos a seguir.

Técnica Delphi

A técnica Delphi é usada quando não há registro de dados históricos, não havendo necessidade da presença física dos participantes, já que pode ser realizada remotamente. Isso acelera e barateia o processo de coleta de informações. Além disso, a técnica Delphi minimiza as pressões aos participantes por preservar o anonimato dos mesmos.

As características básicas da técnica Delphi são (Linstone e Turoff, 1975):

- ❑ anonimato dos participantes, o que reduz influências;
- ❑ interação de opiniões com *feedback* controlado, o que evita desvios;
- ❑ respostas estatísticas do grupo, respeitando o ponto de vista da maioria.

O passo a passo da técnica Delphi está a seguir descrito (Linstone e Turoff, 1975):

- ❑ selecionar os participantes e distribuir informações sobre o projeto;
- ❑ preparar um questionário voltado para identificação de riscos e distribuir ao grupo de participantes. Cada participante deverá responder ao questionário gerando sua própria LR;
- ❑ analisar as respostas dos participantes, consolidando-as numa única lista de riscos identificados. Essa primeira consolidação

é um trabalho cuidadoso, pois riscos iguais podem surgir, descritos de formas diferentes pelos participantes;

- redistribuir aos participantes a lista consolidada para reavaliação, revisão e complementação (2º *round*). Este é o momento em que cada participante se inspira a partir dos riscos identificados por outros participantes;
- recolher novamente a lista revisada pelos participantes individualmente;
- realizar nova consolidação das respostas em uma única LR;
- realizar tantos *rounds* quantos forem necessários até que se chegue a um consenso, isto é, até que uma nova rodada não traga mais nenhuma novidade relevante. Geralmente isso acontece em três ciclos (*rounds*).

Análise da causa-raiz

Ferramentas usadas na análise da causa-raiz de alguns problemas previstos podem favorecer a identificação da verdadeira origem do risco, ajudando a complementar nossa lista de registro.

Algumas vezes, ao analisarmos uma situação de incerteza no projeto, identificamos os impactos causados sem apontar a essência, ou seja, suas causas. Ao listar um provável impacto ao projeto em nosso registro de riscos sem agregar a este registro a sua causa-raiz, cometemos um grande equívoco, já que estaremos deixando de tratar a origem do problema.

A ferramenta mais usada na identificação de causas-raiz é o diagrama espinha de peixe ou diagrama de Ishikawa. Essa técnica permite estruturar as causas de determinado impacto ou problema, bem como seus efeitos, facilitando, posteriormente, a proposta de respostas ou soluções.

O processo funciona da seguinte forma:

- identificamos o impacto ou problema a ser analisado, colocando-o no final da flecha principal;
- ao longo da flecha principal, inserimos ramificações associadas com as principais causas do problema – causas primárias;
- para cada causa primária, podemos identificar causas secundárias; para cada causa secundária podemos identificar causas terciárias; e assim sucessivamente;
- a identificação das causas pode ser feita usando entrevistas, técnicas de *brainstorming* e *brainwritting* e até mesmo técnica Delphi.

Para que seja possível abranger todos os aspectos envolvidos no processo produtivo do produto ou da parte do escopo do projeto envolvido no problema, sugere-se que sejam analisadas as causas-raiz relativas ao método, à matéria-prima, à mão de obra e às máquinas utilizadas (4 M). Veja o diagrama causa-raiz representado via diagrama espinha de peixe ou de Ishikawa, na figura 9.

Figura 9
Diagrama espinha de peixe

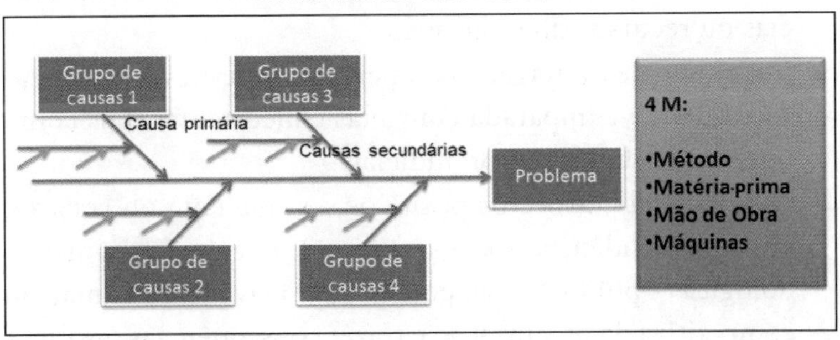

Análise Swot

A análise Swot é uma ferramenta usada para fazer análises estratégicas de cenários. Em um projeto, assim como em um negócio, é preciso entender o ambiente externo em que se está inserido, bem como o alinhamento estratégico desse ambiente externo com o ambiente interno da organização. A técnica foi desenvolvida por Albert Humphrey, por meio de um projeto de pesquisa realizado na Universidade de Stanford nas décadas de 1960 e 1970, usando dados de 500 corporações entre as maiores da época.

As incertezas envolvidas na análise de cenários provocam impactos no projeto e precisam ser identificadas e inseridas em nossa lista ou registro de riscos. Para auxiliar no processo de identificação, podemos realizar uma análise tanto do ponto de vista do ambiente interno à organização executora quanto do ponto de vista do ambiente externo a ela – trata-se de uma análise Swot.

A sigla Swot é um anagrama que se origina do idioma inglês e significa forças, fraquezas, oportunidades e ameaças (*strengths, weakness, opportunities e threats*). Vamos entender melhor o que cada um desses elementos representa.

- *forças*: vantagens competitivas internas à organização, quando comparada com suas concorrentes, tais como competências ou recursos diferenciados;
- *fraquezas*: desvantagens competitivas internas à organização, quando comparada com suas concorrentes, tais como possíveis deficiências prejudiciais;
- *oportunidades*: aspectos positivos do ambiente ou cenário, tais como tendências sociais, econômicas, comerciais, mercadológicas e políticas com potencial de alavancar a vantagem competitiva da organização e trazer consequências positivas para o projeto;

- *ameaças*: aspectos negativos do ambiente ou cenário, tais como tendências sociais, econômicas, comerciais, mercadológicas e políticas com potencial de comprometer a vantagem competitiva da organização, trazendo consequências negativas para o projeto.

Conforme explanado, essa análise considera os dois cenários: ambiente interno (forças e fraquezas) e ambiente externo (oportunidades e ameaças). O ambiente interno pode ser controlado pelos gestores da organização, ressaltando e amplificando pontos fortes e minimizando e controlando pontos fracos. O ambiente externo está fora do controle da organização; portanto, é imprescindível conhecê-lo e monitorá-lo.

Explorados os ambientes interno e externo, devemos proceder à análise por meio da combinação entre as forças e fraquezas e oportunidades e ameaças, conforme ilustrado na figura 10.

Figura 10

PASSO A PASSO DA ANÁLISE SWOT

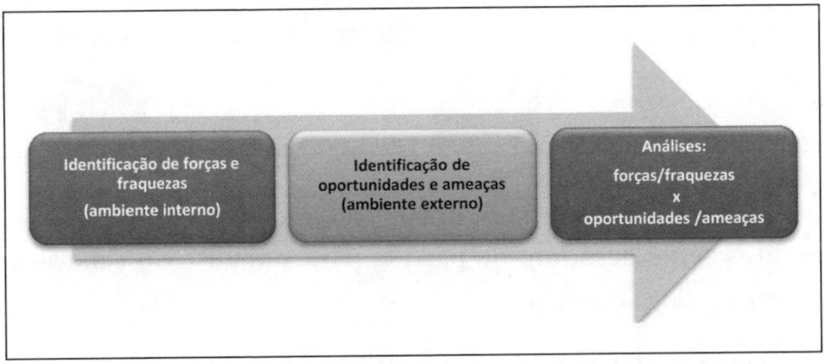

O modelo apresentado na figura 11 sugere uma associação entre os componentes do ambiente externo (ameaças e oportunidades) e os do ambiente interno (forças e fraquezas).

Sabemos que as forças e fraquezas do ambiente interno são fatos, mas as oportunidades e ameaças do ambiente externo são tendências e, portanto, envolvem incerteza.

Figura 11
MODELO PARA ANÁLISE SWOT

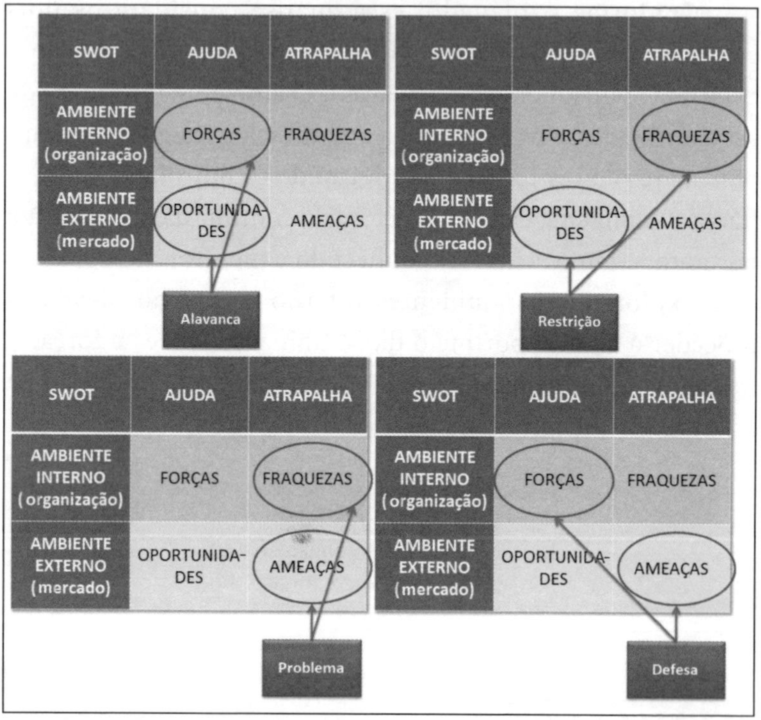

Conforme visto na figura 11, a combinação entre os elementos serve de ponto de partida para a análise do cenário e definição de estratégia:

- alavanca (força x oportunidade) – estamos prontos para capturar ou alavancar essas oportunidades;
- restrição (fraqueza x oportunidade) – não estamos prontos para capturar ou alavancar estas oportunidades;

- problema (fraqueza x ameaça) – nossos pontos fracos nos deixam vulneráveis a esta ameaça; não estamos prontos para enfrentá-la;
- defesa (força x ameaça) – nossos pontos fortes amenizam esta ameaça; estamos prontos para enfrentá-la.

Definida a estratégia pela combinação demonstrada via análise Swot, vamos desenvolver os planos de ação para aproveitar oportunidades e repelir ameaças para as quais estamos prontos, bem como planos de ação ainda mais elaborados para aproveitar oportunidades e repelir ameaças para as quais ainda não estamos prontos. O desafio é identificar nossas fraquezas e transformá-las em nossas fortalezas.

Enfim, podemos dizer que já temos uma primeira lista ou registro de riscos identificados, com suas causas, seus efeitos e até mesmo data de identificação. Esse é o principal produto dessa etapa inicial. As ferramentas apresentadas nos ajudaram a obter uma lista mais completa. Precisamos, agora, consolidar e refinar essa lista de riscos em um documento formal, conforme veremos a seguir.

Lista ou registro de riscos

A lista de riscos (LR) é o ponto de partida para o gerenciamento deles em um projeto. Quanto mais completa, clara e concisa ela for, melhores serão os resultados obtidos.

Além de clara e concisa, a lista deve cuidar de dois aspectos principais:

- *redação*: evitar frases ou explanações longas e excessivas e evitar o uso de termos técnicos de difícil compreensão ou que possam gerar interpretações dúbias;
- *qualidade das informações*: cuidar para que a tradução de termos ou utilização de termos técnicos buscados em bancos

de dados do setor (que não reflitam a linguagem da organização) não afetem o entendimento das declarações de riscos.

A LR formaliza a data do registro e descreve os riscos identificados, suas causas-raiz e o impacto esperado para cada um deles. As informações poderão ser organizadas em uma tabela conforme o exemplo do quadro 6.

Quadro 6

EXEMPLO DE LISTA DE RISCOS

#	Data	Evento identificado	Causa-raiz	Impacto ou efeito
1	4 set.	Atraso nas escavações	Período de chuvas	Atraso do projeto
2	4 set.	Mão de obra escassa	Mercado aquecido	Elevação de salários
3	19 set.	Estafa e estresse da equipe	Exagero de horas extras trabalhadas	Ausência do trabalho por licença médica
4	21 nov.	Possíveis mudanças nas leis de benefícios fiscais	Mudança dos líderes do governo	Redução de impostos

Os riscos não necessariamente precisam ser organizados em ordem cronológica, considerando as etapas a serem desenvolvidas, mas é importante inserir uma coluna com as informações sobre a data em que cada um foi identificado. Conforme vimos, o processo de identificação de riscos não é estanque, ou seja, é um processo interativo com os demais processos, desenvolvendo-se paulatinamente ao longo de todo o projeto. Tal situação acontece visto que alguns riscos poderão surgir ao longo da execução do projeto, assim como outros poderão surgir ao longo da aplicação dos processos de planejar e responder àqueles inicialmente identificados.

Em suma, a LR é um documento dinâmico (vivo) e poderá sofrer refinamentos, revisões e correções ao longo do ciclo de processos de gerenciamento de riscos e, portanto, ao longo das etapas do projeto em si.

Com a referida lista devidamente organizada, clara e facilmente compreensível, devemos partir para a última etapa da identificação de riscos: a categorização. Em outras palavras, vamos agora utilizar a EAR (ou RBS – *risk breakdown structure*), vista anteriormente, como ponto de partida para a distribuição de riscos por grupos ou categorias.

Categorização de riscos

A categorização é uma forma de organizar os riscos identificados segundo as categorias definidas na EAR, promovendo seu grupamento por afinidade ou tipo.

Por exemplo, poderíamos agrupar riscos que se originam de premissas assumidas, riscos vinculados a restrições impostas na figura 7, riscos associados a entregas ou elementos da EAP etc.

Anteriormente, ao introduzirmos o controle de categorias de riscos, apresentamos um exemplo de EAR com grupamento feito pelas categorias *técnica*, *organizacional*, *gerencial*, *ambiente externo* e *local*. Podemos aproveitar categorias definidas em projetos anteriores como ponto de partida para a atual categorização de riscos. Nesse caso, seria necessário, apenas, um processo de refinamento e aprimoramento das categorias.

Se esse é seu primeiro projeto, certamente você terá um pouco mais de dificuldade em definir categorias. Nesse caso, procure identificar os riscos primeiramente e, só depois, definir as categorias.

Separar os riscos identificados em categorias por afinidade nos ajuda a pensar melhor a respeito deles. Categorias funcionam como filtros, instigando a nossa reflexão para a identificação de riscos. Isso certamente irá facilitar as próximas etapas do gerenciamento, nas quais será preciso definir uma estratégia e um plano de respostas de acordo com a análise a ser realizada.

Uma dica é associar as categorias às causas-raiz dos riscos e não aos seus efeitos. Lembre-se: uma mesma fonte poderá provocar diversos efeitos! Além disso, associando as categorias às causas-raiz, já estamos agrupando riscos que possivelmente serão abordados com a mesma estratégia de resposta.

Quanto mais adequada a categorização de riscos (preferencialmente segundo suas causas-raiz), mais fácil será a identificação de responsáveis adequados a quem delegar cada grupamento. Por exemplo, riscos associados a acidentes de trabalho devem estar delegados à equipe ou ao profissional responsável por saúde e segurança do trabalho. Por outro lado, riscos associados a aprovações de agências regulamentadoras do setor ou órgãos públicos devem ser delegados aos responsáveis pelo relacionamento com essas instituições.

Não existe uma EAR única, fixa e válida para todo projeto, ainda que em uma mesma organização. As categorias serão influenciadas pelas características do empreendimento, pelo segmento de negócio, setor de atuação e, principalmente, pela cultura organizacional. Em uma mesma organização, diferentes tipos de controle associados a cada projeto poderão demandar diferentes categorias ou grupamentos para os riscos. Contudo, o aprendizado acumulado nos leva a um resultado de melhoria contínua na obtenção de uma EAR verdadeiramente representativa. É como se, aos poucos, fôssemos capazes de desenvolver uma estrutura de categorias padrão para projetos de uma mesma natureza, facilitando o processo de identificação de riscos nos próximos.

Na figura 12, Salles Jr. et al. (2010, p. 54) sugerem um fluxograma que sintetiza o passo a passo de identificação de riscos, incluindo a categorização de riscos identificados e a realimentação do banco de categorias previamente definido, com os resultados obtidos apresentados ao final do processo.

Dessa forma, com a categorização e refinamento da EAR concluídos, finalizamos o processo de identificação de riscos do projeto e podemos partir para as etapas seguintes. Como resultado final desse trabalho, teremos um registro com a lista dos riscos identificados, a data da identificação, a causa e os efeitos de cada um e sua categorização.

Figura 12

PASSO A PASSO PARA IDENTIFICAÇÃO DE RISCOS

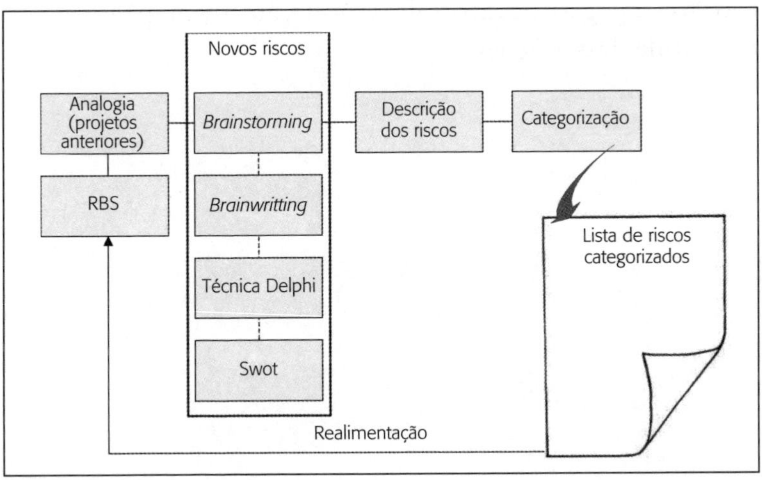

Fonte: Salles Jr. et al. (2010, p. 54)

Neste capítulo, exploramos os processos de planejamento do gerenciamento de riscos e de identificação dos riscos em projetos.

Para o processo de planejamento do gerenciamento de riscos, estabelecemos uma estrutura de categorias para ajudar no grupamento deles e definimos escalas de probabilidade e impacto para a futura avaliação. Essas definições compõem os principais dados de entrada para a avaliação dos riscos identificados e para a determinação da estratégia para a resposta aos mesmos.

Já para o processo de identificação de riscos, apresentamos técnicas específicas para a coleta de informação. Somente aqueles que foram identificados, via LR, serão encaminhados para análise e posterior tratamento. Por fim, a categorização dos riscos foi apresentada como uma ferramenta para organização do material coletado.

Nos próximos capítulos, vamos conhecer os demais processos do gerenciamento de riscos, desde a avaliação qualitativa e quantitativa dos que foram identificados, passando pela definição da estratégia e das ações de resposta, até o acompanhamento e controle dessas ações.

3

Análise dos riscos em projetos

Uma vez identificados os riscos do projeto em que estamos trabalhando, a equipe, sob a liderança do gerente ou de alguém a quem ele tenha delegado tal função, deve proceder à análise, como mostraremos neste capítulo. Tal análise considera os processos necessários para avaliar a severidade dos riscos identificados, visando priorizá-los. Esses processos envolvem a análise qualitativa e quantitativa, de modo a permitir ao gerente do projeto e aos *stakeholders* o tratamento prévio e a prevenção, em prol do alcance dos objetivos definidos.

Iniciando a análise dos riscos

Como vimos, os componentes do risco são a causa-raiz e seus efeitos.

Todo risco tem uma probabilidade de ocorrência associada – que não é zero (zero é a certeza da não ocorrência), nem 100% (isto é, a certeza da ocorrência, um fato) – e, caso ocorra, provocará um impacto. Nos dois casos extremos mencionados, não estaremos diante de um risco, mas sim de certezas concretas.

Existem duas maneiras de dar um peso ao risco: por meio da qualificação ou da quantificação. Essas duas formas não são mutuamente excludentes e podem ser usadas de modo complementar, como veremos a seguir.

Sem o peso de cada risco não temos como decidir adequadamente sobre que tipo de reação seria conveniente, ou quanto estaríamos dispostos a pagar para tratá-lo ou assumi-lo. Fazemos esse tipo de análise, por exemplo, quando decidimos colocar nosso carro no seguro. Quanto você pagaria pelo seguro anual de seu carro? A decisão, certamente, variará de pessoa para pessoa como vimos no capítulo 1, em função de características pessoais, mas certamente, no processo decisório, levaremos em consideração o valor do carro e os riscos associados ao uso do carro, como a possibilidade de acidentes ou de roubo.

Os riscos de um projeto podem afetar drasticamente os resultados esperados (tempo, escopo, custo, qualidade, resultado financeiro etc.). Portanto, seus impactos precisam ser avaliados para que se possa evitá-los ou potencializá-los.

Neste momento, você já aprendeu a identificar os riscos, já dispõe de uma lista deles corretamente descritos e associados a suas causas e efeitos e já os categorizou. Agora, devemos analisá-los e priorizá-los.

A seguir veremos o processo para efetuar a análise dos riscos.

O processo de análise dos riscos

O processo de análise dos riscos deve ser feito por meio de uma reunião de grupo, a exemplo do processo de identificação e, preferencialmente, com o mesmo grupo. Para tal, a participação de especialistas externos à equipe ou até externos à organização pode ser importante, principalmente se:

- a organização não tiver históricos de riscos de projetos anteriores; ou
- a equipe não tiver experiência prévia em análise de riscos.

Nessa reunião, a equipe deverá analisar, a partir da lista dos riscos identificados e categorizados, a probabilidade e o impacto de cada um, calculando seu peso ou grau de importância (a exposição ao risco), de acordo com o método escolhido, conforme mostrado a seguir:

- análise qualitativa;
- análise qualitativa visando à priorização e pré-seleção do risco para, posteriormente, realizar a análise quantitativa de seus impactos;
- análise quantitativa dos impactos dos riscos.

Naturalmente, as referências históricas acumuladas ajudarão sobremaneira em qualquer uma dessas análises.

A correta descrição do evento de risco por meio da definição de suas causas e efeitos nos auxilia significativamente, pois ao definirmos a probabilidade faremos uso das causas do risco e, para definirmos o impacto, olharemos para seus efeitos.

Na abordagem qualitativa, os parâmetros de probabilidade e impacto são expressos por um sistema de avaliação que faz uso de uma legenda proposta pela própria equipe do projeto, geralmente expressa em escala categórica ordinal, composta por adjetivos como:

- alto, médio ou baixo;
- muito alto, alto, médio, baixo ou muito baixo;
- vermelho, amarelo, verde.

Já numa abordagem quantitativa, os parâmetros de probabilidade e impacto serão expressos exclusivamente por meio de valores numéricos. Nessa abordagem, a probabilidade do risco será sempre um percentual, que significará a chance de a causa-raiz do risco vir a ocorrer. O efeito do risco e seu consequente impacto deverão ser medidos, por exemplo, em unidades monetárias ou em tempo de atraso.

Normalmente, as organizações demonstram relativa dificuldade ou desconforto em estimar a probabilidade e o impacto de forma quantitativa, em virtude da ausência de dados históricos, de experiências passadas, de referências tidas como *benchmarks* ou da não existência de especialistas com experiência em gerenciamento de riscos alocados à equipe do projeto. Dessa forma, é comum que as organizações sintam-se mais confortáveis em utilizar critérios qualitativos na condução da análise dos riscos. Qualificar é, geralmente, mais fácil e mais rápido do que quantificar riscos, embora seja menos informativo.

Devido a esse desconforto usual em lidar com a quantificação dos riscos, pode ocorrer de a equipe optar pela solução simplista de adicionar contingências padrão (10 a 15%) e inflar os custos e os prazos estimados, inflando, em decorrência, também o preço final. Desse modo, jamais acumularemos experiência, dados históricos, cultura ou atitude ao lidar com as incertezas de um projeto. Temos de quebrar esse círculo vicioso, ou seja: "Não fazemos o gerenciamento quantitativo de riscos porque não temos históricos, e não temos históricos porque não fazemos o gerenciamento quantitativos de riscos!".

Parâmetros básicos da análise de riscos de projetos, as avaliações da probabilidade e do impacto provocado pela ocorrência de riscos consolidam o nível de informação gerado e embasam as decisões posteriores de priorização e elaboração de planos de abordagem aos riscos. Tais estimativas devem, entretanto, ser precedidas do estabelecimento de diretrizes, métricas e padrões pertinentes, associados ao perfil característico de abordagem de riscos da organização. Ou seja, pressupõe-se que a organização investiu na definição de orientações estratégicas que servissem de norteadoras para os gerentes conduzirem a gestão dos riscos dos projetos sob sua responsabilidade.

Uma das formas de as organizações definirem os critérios de aceitação dos riscos com base em parâmetros de probabilidade e impacto é a utilização de uma "grade de tolerância aos riscos" – característica do perfil definido por uma organização genérica. Nela, os eixos de probabilidade e impacto são mensurados via escala ordinal, demonstrando a predisposição e perfil da organização para aceitar ou não riscos decorrentes de severidades diferentes, conforme demonstrado na figura 13. Nesse caso, teríamos previamente estabelecido uma escala numérica para conversão da escala ordinal, de forma a possibilitar a geração de gráficos e pesos para os riscos. Por exemplo:

- probabilidade: muito alta (.9); alta (.7); moderada (.5); baixa (.3); muito baixa (.1);
- impacto: muito alto (.9); alto (.7); moderado (.5); baixo (.3); muito baixo (.1).

Figura 13

Grade de tolerância a riscos

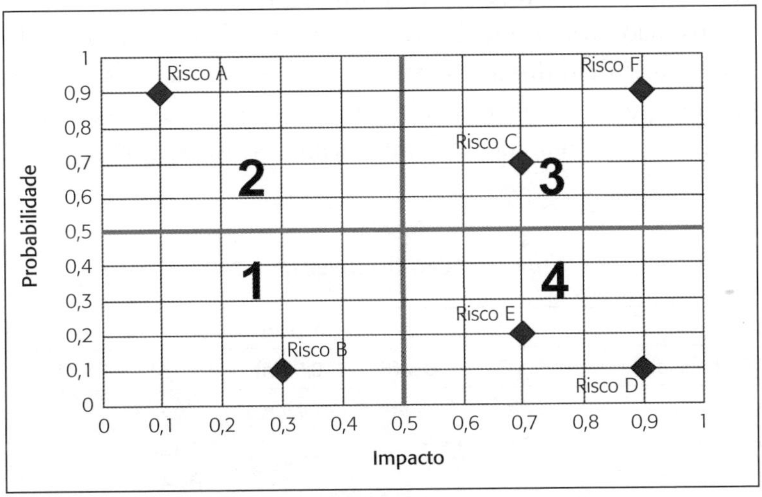

No exemplo apresentado, podemos interpretar que os riscos localizados no quadrante 1 – risco B (baixa probabilidade e baixo impacto) – seriam aceitáveis para a organização enquanto os riscos posicionados no quadrante 3 – riscos C e F (alta probabilidade e alto impacto) – seriam considerados inaceitáveis. Podemos definir, ainda, que os riscos localizados nos quadrantes 2 e 4 – riscos A, D, E – necessitariam de propostas de estratégias de prevenção antes que pudessem ser aceitos pela organização. Adicionalmente, podemos considerar que o nível de risco aceitável para a organização dependerá do seu perfil de aversão a riscos ou aceitação deles e da importância de cada projeto, individualmente, para o portfólio estratégico da organização.

Outra forma de vermos o processo de seleção dos riscos a serem tratados é a utilização da mesma escala numérica num processo de multiplicação, calculando um grau de exposição para cada risco, como demonstrado na tabela 1.

Nessa tabela, a organização poderia definir que, por premissa, só trataria (ou se preocuparia com) os riscos cujo peso final (exposição ao risco) fosse maior do que 0,10. Dessa forma, todos os riscos qualificados como muito baixos, tanto para probabilidade quanto para impacto, além do risco de probabilidade e impacto baixos, não seriam tratados (todos com resultantes menores do que 0,10). Além disso, a tabela fornece uma visão dos riscos e permite que se visualize um peso (nem sempre preciso) para cada um deles, possibilitando a comparação dos riscos entre si

Tabela 1

Qualificação do nível de risco

	Impacto				
Probabilidade	**0,1 (MB)**	**0,3 (B)**	**0,5 (M)**	**0,7 (A)**	**0,9 (MA)**
0,9 (MA)	0,09	0,27	0,45	0,63	0,81
0,7 (A)	0,07	0,21	0,35	0,49	0,63
0,5 (M)	0,05	0,15	0,25	0,35	0,45
0,3 (B)	0,03	0,09	0,15	0,21	0,27
0,1 (MB)	0,01	0,03	0,05	0,07	0,09

MA = muito alto (a); A = alto (a); M = médio (a); B = baixo (a); MB = muito baixo (a).

Nesse momento, o produto final da análise dos riscos é a lista de riscos do projeto, contemplando:

- riscos identificados e categorizados (produto do processo de identificação visto no capítulo 2);
- suas respectivas probabilidades e impactos, analisados e qualificados (produto do processo de análise dos riscos).

Há que se enfatizar que o fato de probabilidades e impacto serem avaliados de modo qualitativo ou quantitativo não significa que a análise dos riscos, como um todo, seja caracterizada como qualitativa ou quantitativa. Na abordagem qualitativa, estamos, na verdade, preocupados em qualificar a importância e a prioridade do risco (nível de exposição), enquanto na abordagem quantitativa, estamos preocupados em calcular o efeito dos riscos nos resultados do projeto.

Vamos ver agora os processos de qualificação e de quantificação, entendendo os respectivos benefícios advindos de sua utilização.

Qualificação dos riscos em projetos

A abordagem qualitativa nos dá uma primeira dimensão do peso dos riscos e de sua importância, em termos da magnitude de seu impacto sobre os parâmetros do projeto. Como dito, geralmente classificamos as variáveis probabilidade e impacto em escalas ordinais, variando, por exemplo, de muito baixo até muito alto.

Para tal, podemos usar ferramentas computacionais para facilitar o trabalho que será conduzido pela equipe do projeto. A figura 14 ilustra um exemplo de planilha de análise de risco via processo de qualificação. Nela são considerados, de forma simples, riscos com impactos em custo, cronograma, escopo e qualidade. A partir dos riscos listados, vamos analisá-los quanto à probabilidade e ao impacto, registrando nossa percepção do peso da variável na ferramenta. Notem que ao registrarmos os pesos para o impacto, isso gera um índice de impacto geral para aquele risco.

Figura 14

PLANILHA DE ANÁLISE QUALITATIVA DE RISCO

Análise de riscos

Identificação do projeto:

Identificação de riscos		Avaliação qualitativa do risco								
Risco Nº	Descrição do risco	Impacto					Probabilidade	Prioridade de risco		
		Custo	Cronograma	Escopo	Qualidade	Geral		Alta	Média	Baixa
1										
2										
3										
4										
5										
6										
7										
8										
9										
10										

Como dito, a organização que autoriza o projeto é que geralmente oferece os critérios de avaliação das probabilidades dos riscos identificados, os quais podem ser estimados segundo padrões qualitativos ordinais ou quantitativos. Cabe ainda à organização oferecer subsídios norteadores, de modo a que o nível de subjetividade intrínseco do trabalho possa ser mantido dentro de padrões adequados. De outro modo, o resultado da análise dos riscos estaria absolutamente associado à interpretação e análise próprias da equipe do projeto.

A figura 15 ilustra a planilha de análise de risco apresentada na figura 14 como padrão típico de uma organização, mostrando agora os níveis definidos de estimativas de probabilidade.

No caso aqui ilustrado, as probabilidades dos riscos identificados seriam avaliadas de acordo com o critério definido no comentário colocado na célula em destaque. Notem que isso é apenas um exemplo; quem deve definir os pesos é a própria organização.

Tal como adotado na estimativa de probabilidade, a organização que autoriza o projeto é que geralmente oferece os critérios de avaliação de impacto dos riscos identificados, os quais também podem ser estimados segundo padrões qualitativos ordinais ou quantitativos.

O impacto é definido como o valor da consequência do risco sobre os objetivos estabelecidos – uma estimativa do ganho ou perda se ele vier a acontecer.

Entretanto, o parâmetro impacto deve ainda ser avaliado segundo um critério adicional que aponta qual o objetivo do projeto que sofrerá as consequências da ocorrência do risco. Desse modo, recomendamos que essa avaliação seja feita à luz dos condicionantes típicos de sucesso, ou seja, do impacto do risco sobre o escopo do projeto, seu cronograma, seu orçamento ou seu nível de qualidade.

Figura 15

PLANILHA DE ANÁLISE QUALITATIVA DE RISCOS – ESCALA DE PROBABILIDADE

Análise de riscos

Identificação do projeto:

Identificação de riscos		Avaliação qualitativa do risco								
Risco Nº	Descrição do risco	Impacto					Probabilidade	Prioridade de risco		
		Custo	Cronograma	Escopo	Qualidade	Geral		Alta	Média	Baixa
1										
2										
3										
4										
5										
6										
7										
8										
9										
10										

Probabilidade do risco se nenhuma ação for tomada

1. Muito improvável de acontecer (0,1)
2. Mais provável de não acontecer do que acontecer (0,3)
3. Probabilidade de acontecer ou não é igual (0,5)
4. Mais provável de acontecer do que de não acontecer (0,7)
5. Muito provável que ocorra (0,9)

Essa análise pode, no entanto, oferecer complicações decorrentes de vários fatores:

- os riscos podem interagir de modo inesperado;
- um único risco pode causar efeitos múltiplos;
- uma oportunidade para um *stakeholder* (exemplo: custo reduzido) pode ser considerada uma ameaça para outro (exemplo: lucro reduzido).

Retomando a planilha de análise de risco apresentada na figura 14, como padrão típico de uma organização, destacamos, na figura 16, os critérios de avaliação do impacto de riscos sobre os principais condicionantes de sucesso de um projeto.

Figura 16

PLANILHA DE ANÁLISE QUALITATIVA DE RISCO – ESCALAS DE IMPACTO

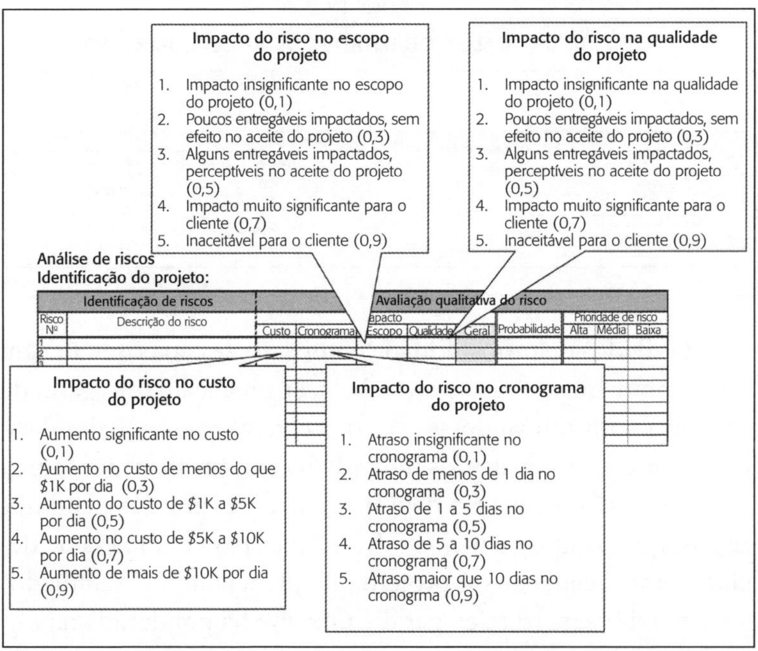

No caso aqui ilustrado, os graus atribuídos ao impacto da ocorrência de riscos estão especificados na própria figura 16. Ressalte-se que, no caso do impacto no custo, o grau pode ser atribuído tanto a partir de valores monetários quanto em percentuais sobre o valor total do projeto.

Em geral, o impacto total resultante da ocorrência de riscos é considerado como o de maior valor dos pesos atribuídos para cada um dos condicionantes principais de sucesso (custo, cronograma, escopo e qualidade). Por exemplo, se um risco foi definido de baixo impacto para o custo, cronograma e escopo, mas foi considerado de alto impacto para a qualidade do projeto, ele será considerado de alto impacto. A figura 17 ilustra a combinação dos diferentes tipos de impactos na planilha típica de análise de risco.

Figura 17

Planilha de análise qualitativa de risco – impacto

Impacto consolidado do risco do projeto

Identificação de riscos		Avaliação Qualitativa do risco									
Risco Nº	Descrição do risco	Impacto					Probabilidade	Impacto x Probabilidade	Prioridade do risco		
		Custo	Cronograma	Escopo	Qualidade	Geral			Alta	Méd.	Baixa
1	Ocorrência de chuvas	0,5	0,7	0,3	0,1	0,7	0,3	0,21			
2	Falta de material por escassez	0,3	0,5	0,1	0,7	0,7	0,7	0,49			
3	Paralisação da obra	0,9	0,9	0,1	0,1	0,9	0,3	0,27			
							SOMA	0,97			
							RISCO GERAL	39,92%			

Os dados de probabilidade e impacto de cada risco devem ser combinados de modo a estabelecer uma avaliação geral de seu peso, multiplicando-se o impacto geral pela probabilidade e somando-se os resultados individuais. Essa avaliação costuma resultar na determinação de um valor representativo geral dos riscos, que complementa as informações para a tomada de decisão sobre aceitação do projeto pós-planejamento detalhado.

Via de regra, o risco geral é uma média ponderada da importância dos riscos a que o empreendimento está sujeito, ou seja, é uma média ponderada das multiplicações de probabilidade e impacto de todos os riscos pertinentes identificados. Seu cálculo é feito por meio do somatório dos resultados individuais de probabilidade × impacto de todos os riscos identificados, normalizado pelo máximo valor possível desse somatório. Assim, se o máximo valor que a probabilidade de um risco individual qualquer pode assumir é igual a 0,9 e o máximo valor que o impacto dele pode assumir é igual a 0,9, então o máximo valor que a multiplicação de probabilidade por impacto desse risco individual pode assumir é igual a 0,81. O risco geral do projeto, portanto, é calculado pela fórmula apresentada abaixo:

$$\text{Risco geral} = \frac{\sum_{j=1}^{n} (Ij \times Pj)}{n \times 0{,}81}$$

onde:

I_j = impacto do risco j;

P_j = probabilidade de ocorrência do risco j;

n = nº de riscos considerados.

A figura 18, planilha de análise qualitativa, ilustra o cálculo do determinante geral de riscos, por meio da aplicação da fórmula citada.

Figura 18

Planilha de análise qualitativa de risco – resultante do impacto

Planilha de análise qualitativa de risco – risco geral

Determinante geral de risco do projeto:

ANÁLISE DE RISCOS

IDENTIFICAÇÃO DO PROJETO:

Identificação de riscos		Avaliação qualitativa do risco									
Risco Nº	Descrição do risco	Impacto					Probabilidade	Impacto x Probabilid	Prioridade do risco		
		Custo	Cronograma	Escopo	Qualidade	Geral			Alta	Méd.	Baixa
1	Ocorrência de chuvas	0,5	0,7	0,3	0,1	0,7	0,3	0,21			
2	Falta de material por escassez	0,3	0,5	0,1	0,7	0,7	0,7	0,49			
3	Paralisação da obra	0,9	0,9	0,1	0,1	0,9	0,3	0,27			
							SOMA	0,97			
							RISCO GERAL	39,92%			

Seguindo adiante no cálculo do risco geral do projeto, um fator de peso poderia ter sido aplicado entre os condicionantes principais do sucesso (custo, cronograma, escopo e qualidade), de modo a fornecer uma visão mais adaptada ao perfil de riscos e à importância dada a cada um dos condicionantes para o sucesso do empreendimento. Por exemplo, imagine o lançamento de um novo produto no mercado, que deverá estar nas lojas para aproveitar as vendas no Natal. Nesse caso, qualquer risco que venha a prejudicar o cronograma e que implique o atraso do lançamento poderá colocar em perigo o próprio projeto, considerando que, fora do período do Natal, o produto não teria um apelo de mercado adequado. Sendo assim, a organização tenderia a dar aos riscos que impactassem mais o condicionante cronograma um peso maior do que aos demais.

Quantificação dos riscos em projetos

Foi dito que a análise qualitativa dos riscos oferece benefícios consideráveis no entendimento do projeto e de suas incertezas futuras, se comparada com não fazer o gerenciamento dos riscos.

Adicionalmente, a análise quantitativa fornece informações mais precisas para a avaliação adequada dos riscos. Além disso, as decisões de maior impacto costumam ser tomadas logo no início do ciclo de vida do projeto, durante sua concepção. Assim, a despeito das dificuldades encontradas na materialização dessa análise, estimativas as mais precisas e o mais cedo possível são consideradas fundamentais.

Como vimos, devemos aqui dimensionar a probabilidade e o impacto de cada risco. A probabilidade será sempre um percentual e o impacto poderá ser medido em termos de diversas unidades, tais como custo adicional ou dias de atraso no cronograma.

Como uma forma de entendermos a importância da quantificação, tomemos uma declaração de Lord Kelvin, físico e matemático escocês (Bernstein, 1997:218), em torno de 1880:

> Quando se pode medir um elemento sob análise e expressar este elemento em números, é possível demonstrar algum conhecimento sobre o elemento. Mas quando não se pode medir o elemento sob análise, nem expressar suas propriedades em termos numéricos, o conhecimento sobre ele é reduzido e insatisfatório: este pode ser o início de algum conhecimento, mas ainda está muito distante do estágio de ciência.

Porém, diferentes unidades de impacto tornam difícil, se não impossível, a comparação dos riscos de categorias diferentes entre si. Os riscos são do projeto e devemos gerenciá-los, independentemente da categoria a que pertencem. Portanto, devemos levar todos os impactos para a mesma unidade, de forma a podermos comparar os riscos entre si. A única unidade comum a todos eles, supostamente, é a financeira. Podemos transformar qualquer unidade de efeito em dinheiro. Isso fará com que possamos comparar os riscos entre si. Entretanto, quando formos quantificá-los, veremos que não há muita dificuldade para estimarmos o impacto quantitativo monetário deles. Este será, em geral, um valor que guarda certa relação com o valor total do projeto. Exemplificando, o risco poderá:

- disparar o gatilho de uma multa contratual; ou
- fazer com que tenhamos de trabalhar mais x% com relação ao prazo original do projeto; ou
- implicar a modificação de y% no escopo do projeto, o que provocará um impacto no prazo; ou
- causar um impacto ambiental cujo custo de recuperação ou o valor de multa é de R$ *z* etc.

Nossa maior insegurança residirá na estimativa da probabilidade, pois nunca a fizemos antes. Nunca paramos para pensar, de forma concreta, nas incertezas. Mesmo que não tenhamos históricos de projetos anteriores, ou possibilidade de usarmos a analogia externa, ainda assim devemos fazer uma estimativa da probabilidade, de forma a podermos iniciar o processo de análise e de geração da base histórica. É melhor estimar de forma pouco precisa do que não estimar. Podemos utilizar técnicas de dinâmica de grupo, visando pegar diversas experiências ou até usar especialistas para nos apoiar nesse processo.

Tomemos como exemplo, novamente, uma seguradora. Vamos imaginar que acabou de ser lançado um novo modelo de carro no Brasil. Se o modelo é novo, não tem histórico. Isso significa que a seguradora não fará o seguro do seu carro porque não tem dados históricos? É obvio que não! A seguradora toma o histórico de outro carro de mesmas características como base, provavelmente aplica um fator de correção e determina o prêmio do seguro do seu novo carro. A partir de então, a seguradora passa a acompanhar o histórico de comportamento desse tipo de carro, gerando sua base de dados. Imaginemos que, nos meses seguintes, a seguradora identifique que o carro teve um desempenho de risco real maior do que o estimado anteriormente. A seguradora, então, ajusta o valor do prêmio para os próximos carros a serem segurados. Isso porque, para a companhia de seguros, não importa muito o risco de um único carro – ela gerencia o risco da carteira de carros!

Ao estimarmos a probabilidade e o impacto para cada risco, calculamos uma medida da exposição chamada "valor esperado" ou "valor monetário esperado" (EMV – *expected monetary value*):

Valor esperado = probabilidade × impacto

O nome está dizendo: valor esperado é o que se espera que aconteça, em conceito estatístico, e não necessariamente o que vai de fato acontecer. Esse conceito é o mesmo de exposição ao risco (ER), apresentado no capítulo 1.

Se há uma probabilidade e um impacto para cada risco, podemos calcular um valor esperado. E o risco total do projeto será a soma algébrica dos valores esperados de todos os riscos identificados e priorizados.

Como é que a seguradora calcula o prêmio de um seguro? Como um banco calcula a taxa de juros que você deve pagar em um empréstimo? Sempre por meio do valor esperado!

Imaginemos o seguinte: você comprou um carro no valor de R$ 50 mil e vai colocá-lo no seguro. Trata-se apenas de um seguro contra furto – só para facilitar o entendimento, pois associados ao "uso do carro" podemos conceber vários riscos potenciais, e o risco total associado seria a soma algébrica dos valores esperados de todos os riscos identificados.

Ao colocar seu carro no seguro, você provavelmente respondeu a um questionário no qual a seguradora ia avaliando sua taxa de risco ao perguntar quantos quilômetros você roda por mês, quantas pessoas dirigem o carro, se você tem filho adolescente que dirige o carro, se o carro pernoita em garagem etc. Isso mostra que seu carro tem vários riscos associados ao uso. Vamos considerar apenas o risco de furto, para efeito de entendimento da mecânica de funcionamento da análise dos riscos, e que a taxa histórica desse tipo de sinistro envolvendo carros iguais ao seu na sua cidade seja, por exemplo, de 2%.

Portanto, o valor esperado é 2% × R$ 50.000,00 = R$ 1.000,00. Esse valor é o que a seguradora espera desembolsar por carro segurado. Portanto, se ela lhe cobrar R$ 1.000,00 a título de prêmio não estará ganhando nada! Então a seguradora coloca um valor extra em cima do valor esperado (digamos 200%), e lhe cobra, como prêmio pelo seguro, R$ 3.000,00.

Esse valor extra contempla todos os custos operacionais da seguradora, a comissão de corretagem, a margem da seguradora e toda a estrutura de impostos.

Ao olhar para essa conta, a seguradora não tem como garantir que a probabilidade será realmente de 2%, pois está segurando apenas um carro. Para poder garantir que a probabilidade seja a mais próxima possível da existente nos registros históricos é necessário aumentar a amostra, ou seja, a quantidade de carros segurados. Quando fazemos isso, estamos usando conceitos estatísticos e nos aproximando da média – utilizando a lei dos grandes números. A seguradora nada mais é do que uma aglutinadora de volume, de forma a, pelo volume, "garantir" a probabilidade usada para o cálculo da exposição ao risco ou valor esperado. O projeto "carro" tem vários riscos associados, e o prêmio pago pelo seguro do carro contempla o somatório do valor esperado de cada um dos riscos mais o valor extra, como explicado.

Essa simples conta explica várias importantes decisões:

- explica por que fazemos seguro de nosso carro. Afinal, temos volume e, portanto, não temos como garantir a probabilidade histórica. Para muitas pessoas, a probabilidade de furto, no caso de um único carro, é de zero ou 100%. Porém, isso é um erro matemático, pois a exposição ao risco realmente é influenciada pela probabilidade histórica, ou seja, baseada no valor esperado. E, erradamente, tomamos a decisão baseados apenas no impacto total. Porém, se não tiver problema quanto ao valor total do impacto, você, provavelmente, não fará o seguro. Um exemplo disso é que, da frota brasileira de carros de alto luxo (tipo Mercedes), apenas em torno de 3% estão no seguro.
- explica, também, por que a seguradora faz seguros, pois, ao aglutinar volume, a probabilidade se aproxima da média, reduzindo o desvio padrão;

- explica por que organizações que possuem grandes frotas (por exemplo, locadoras de automóveis) não têm nenhum de seus carros no seguro. Se a exposição total é igual ao valor esperado, por que eu devo pagar o extra da seguradora? A locadora cobra o seguro do locatário, mas não o repassa para a seguradora. Afinal, ela, locadora, também é uma aglutinadora de volume e, nesse caso, por que pagar o extra da seguradora?

O valor esperado dos riscos do projeto será o somatório dos valores esperados de todos os riscos, isto é:

$$\text{Valor esperado dos riscos do projeto} = \sum \text{valores esperados de todos os riscos}$$

Para podermos fazer a análise, precisamos de mais um valor – o valor-base, que é o último valor que temos, antes de iniciar o processo de gerenciamento de riscos. É o valor que temos sem considerar os riscos. Já calculamos todo o projeto, já temos o escopo, o cronograma e o custo ou resultado projetado; portanto, já temos o valor-base.

O valor esperado (VE) será o valor-base mais o somatório dos valores esperados dos riscos do projeto, sejam eles ameaças e/ou oportunidades, isto é:

$$\text{VE do projeto} = \text{valor-base} + \sum \text{VE das ameaças} + \sum \text{VE das oportunidades}$$

Esses valores são fundamentais, porém não suficientes. Precisamos de mais dois valores:

- pior caso: consideramos que todos os riscos de ameaça poderiam se materializar pelo total, e nenhum risco de oportunidade se materializaria:

$$\text{Valor do pior caso} = \text{valor-base} + \sum \text{impacto dos riscos de ameaça}$$

- melhor caso: consideramos que todos os riscos de oportunidade poderiam se materializar pelo total, e nenhum risco de ameaça se materializaria:

Valor do melhor caso = valor base + $\sum$ impacto dos riscos de oportunidade

Exemplificando, imaginemos um projeto de valor-base de R$ 300 mil que tenha cinco riscos, sendo quatro de ameaça e um de oportunidade, como apresentado no quadro 7. Com base nos valores ali informados, teremos os seguintes cálculos:

- pior caso = R$ 300.000 + (R$ 112.500 + R$ 90.000 + R$ 45.000 + R$ 45.000) = R$ 592.500;
- melhor caso = R$ 300.000 – R$ 112.500 = R$ 187.500;
- valor esperado = R$ 300.000 + R$ 65.250 – R$ 22.500 = R$ 342.750.

Quadro 7

Quantificação dos riscos

Nº	Data identif.	Categoria	Evento de ameaça (descrição do risco)	Probabilidade (%)	Impacto (*input*)	Valor esperado
1	15/12/05	Escopo	Informações incompletas e/ou incorretas sobre a representatividade das localidades cobertas podem impactar a definição do escopo do trabalho, resultando em cobertura abaixo do exigido pela legislação.	10	$ 112.500	$ 11.250
2	15/12/05	RH	Seleção incorreta da equipe de projeto pode acarretar falta de experiência nesse tipo de empreendimento, resultando em qualidade do serviço abaixo do esperado pelo cliente.	30	$ 90.000	$ 27.000

Continua

Nº	Data identif.	Categoria	Evento de ameaça (descrição do risco)	Probabilidade (%)	Impacto (*input*)	Valor esperado
3	15/12/05	Cliente	Se os representantes do cliente não estiverem disponíveis para atender a equipe do projeto, o cronograma poderá ser afetado, resultando em insatisfação do cliente quanto ao cumprimento dos prazos estabelecidos.	20	$ 45.000	$ 9.000
4	15/12/05	Orçamento	Se o cliente se recusar a pagar *overrun*, mesmo que seja causado por ele próprio, poderemos ter impacto na rentabilidade do projeto.	40	$ 45.000	$ 18.000
Valor esperado do projeto						$ 65.250

Nº	Data identif.	Categoria	Evento de ameaça (descrição do risco)	Probabilidade (%)	Impacto (*input*)	Valor esperado
1	15/12/05	Qualidade	O cumprimento da metodologia e a qualidade do trabalho podem acarretar a identificação de riscos associados ao negócio do cliente, resultando em novas oportunidades de oferecimento de serviços ao cliente.	20	$ 112.500	$ 22.500
Valor esperado do projeto						$ 22.500

A figura 19 ilustra esses resultados.

Agora, a nossa análise do projeto tem um nível de precisão que nunca tivemos antes! Sabemos que o nosso valor-base é de R$ 300 mil; sabemos que ao aplicarmos o valor esperado dos riscos, nosso valor esperado do projeto vai para R$ 342.750,00; sabemos que na pior das hipóteses, se tudo de ruim acontecer, teremos o pior caso de R$ 592.500,00, e no melhor caso, R$ 187.500,00, se tudo de bom acontecer.

Figura 19
VALORES ESPERADOS DO PROJETO

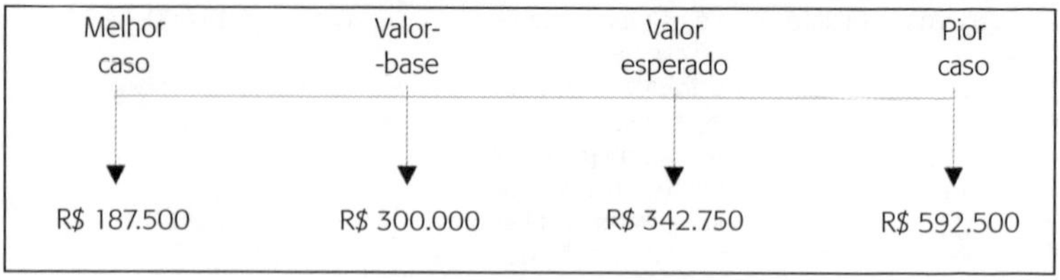

Lembre-se de que se não fizéssemos o gerenciamento dos riscos, teríamos apenas o valor-base original. Agora, nosso processo decisório fica muito mais apurado, pois sabemos o tamanho das incertezas que podem impactar o valor do projeto. É esperado que o valor final seja de R$ 342.750,00, ou seja 14,25% acima do valor-base. O pior caso pode aumentar o valor-base em 97,50%, e o melhor caso, reduzir em 37,50%.

Com variações dessa monta, começa a ficar claro para nós por que pesquisas recentes continuam apontando estouros em prazos e custos, apesar da notória evolução que o gerenciamento de projetos vem demonstrando (Sauser, Reilly e Shenhar, 2009).

De posse desses quatro valores apresentados no quadro 7 e na figura 19, agora podemos tomar a decisão de negócio sobre o projeto, considerando nossa característica pessoal ou cultura organizacional e o modo como nos relacionamos com situações de incerteza:

- se não gostamos de correr riscos em nenhuma hipótese e não admitimos discuti-los com o cliente, nosso preço para o projeto deve ser próximo ao pior caso;
- se não gostamos de correr riscos, acreditamos nas nossas estimativas, e ainda assim não admitimos discuti-los com o cliente, nosso preço para o projeto deve ser próximo ao valor esperado;

- se não queremos assumir o papel de uma seguradora e não vamos assumir os riscos do projeto, nosso preço deve ser próximo ao valor-base. Nesse caso, ainda devemos informar ao cliente a relação dos riscos e o consequente tamanho da exposição dele, que pode significar aumento esperado de custos de R$ 42.750,00, podendo chegar, no pior caso, a R$ 292.500,00. Isso visa garantir que o projeto não será suspenso por falta de verbas.

Além disso, ainda ganhamos uma vantagem de negociação comercial, pois o risco positivo pode ser utilizado como um diferencial no processo de negociação com o cliente.

Essas alternativas de decisão comprovam que o gerenciamento de riscos não é uma disciplina determinística. Pessoas diferentes tomarão decisões diferentes, com base nos mesmos números, como foi visto no capítulo 1. O gerenciamento dos riscos não toma as decisões por nós. Ele apenas nos dá um conjunto de informações que melhorarão substancialmente nosso processo decisório. A decisão é, e sempre será, gerencial, e quanto melhores as informações disponíveis, melhor potencialmente será a decisão.

Toda a análise relativa aos valores esperados foi feita considerando-se que o valor-base é o somatório dos custos fixos, variáveis e despesas de um projeto. Nesse caso, as ameaças aumentarão o custo; por outro lado, as oportunidades o reduzirão. Podemos denominar essa situação "foco de análise em custos", conforme a figura 20, que demonstra a forma de calcular o valor-base de um projeto cujo foco está nos custos.

Mesmo quando o caso é de uma proposta com preço fechado para um cliente, que, consequentemente, contempla também o lucro ou margem do fornecedor, ainda assim o foco de análise são os custos, pois a análise é feita pelo ponto de vista de quem paga, ou seja, o cliente. Nesse caso, a margem ou lucro do fornecedor é custo para o cliente.

Figura 20

VALOR-BASE COM FOCO DE ANÁLISE DE CUSTO

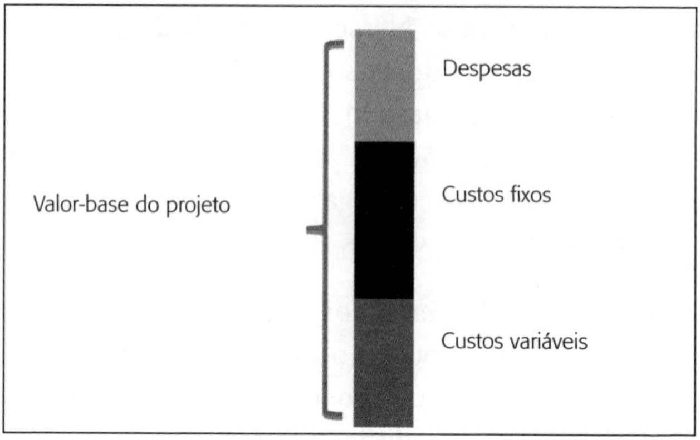

No entanto, há casos nos quais a análise é feita considerando-se não apenas o custo, mas sim o resultado financeiro a ser atingido, como um plano de negócio ou um projeto de concessão. Nesse caso, nossa análise muda, pois os sinais dos riscos se inverterão, isto é, as ameaças irão reduzir o resultado e as oportunidades irão aumentá-lo. Esse resultado é a diferença entre tudo o que esperamos faturar e o que devemos gastar ao longo das atividades, e representa o valor-base do projeto cujo foco é resultado, conforme a figura 21.

A decisão de qual é o foco de análise deve ser feita olhando-se para o valor-base e identificando o que ele contempla, além de olharmos para a característica de nosso empreendimento.

O foco de análise com base no resultado deve ser considerado quando estamos fazendo um plano de negócios, um projeto de concessão ou o projeto é nosso e estamos com o valor-base contemplando o montante do resultado ou lucro, como se vê na figura 21. Apenas nesses casos.

A decisão de qual será o foco de análise tem de ser tomada antes de calcularmos os valores esperados do projeto, pois como a decisão vai impactar os sinais dos riscos, e o valor-base sempre é conhecido ao iniciarmos o gerenciamento dos riscos, os valores podem ficar completamente diferentes.

Figura 21

VALOR-BASE COM FOCO DE ANÁLISE DE RESULTADO

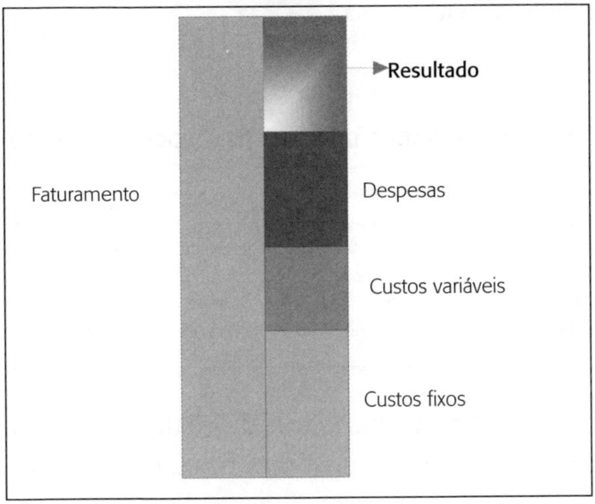

No mesmo exemplo apresentado no quadro 7 e na figura 19, se o foco de análise fosse resultado (ou seja, o valor-base fosse o lucro ou resultado financeiro final do projeto), os valores seriam os explicitados na figura 22:

- pior caso = R$ 300.000 – (R$ 112.500 + R$ 90.000 + R$ 45.000 + R$ 45.000) = R$ 7.500;
- melhor caso = R$ 300.000 + R$ 112.500 = R$ 412.500;
- valor esperado = R$ 300.000 – R$ 62.250 + R$ 22.500 = R$ 260.250

Notem que no caso do exemplo com foco em análise de custos, o pior caso é o de maior valor (maior custo) e o melhor caso é o de menor valor (menor custo). Porém, quando o foco de análise é resultado, o pior caso é o menor valor (menor resultado) e o melhor caso é o maior valor (maior resultado). O valor esperado do projeto poderá flutuar entre os casos extremos (pior e melhor), podendo ficar, em qualquer dos focos de análise, abaixo ou acima do valor-base, dependendo exclusivamente de você ter mais riscos de ameaça do que de oportunidade ou vice-versa.

Figura 22

VALORES ESPERADOS DO PROJETO – FOCO RESULTADO

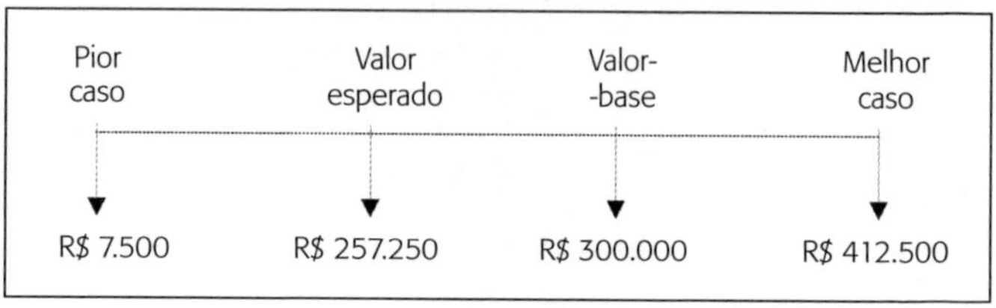

Analisamos as características da qualificação e da quantificação dos riscos em projetos, mas fica a pergunta sobre qual das duas abordagens (ou três, se considerarmos o uso simultâneo da qualificação e da quantificação) é mais vantajosa para o projeto.

Priorização dos riscos

A priorização dos riscos nos permite focar nossos esforços naqueles de maior peso para o projeto, ou melhor, naqueles com maior potencial de lhe causar danos ou de gerar maiores oportunidades.

A priorização dos riscos pode ser feita de várias maneiras, como apresentado abaixo, de forma isolada ou em conjunto:

- por meio da ferramenta de análise comparativa dos riscos;
- por meio da resultante do risco na qualificação ou do valor esperado/impacto;
- por meio do cálculo da urgência do risco.

Priorização por análise comparativa dos riscos

Na priorização por análise comparativa, a premissa é que compararemos a descrição textual dos riscos, dois a dois, identificando, entre os dois comparados, qual o mais importante.

Devemos desenvolver esse trabalho em equipe e distribuir os formulários de avaliação para os participantes. Cada um fará sua avaliação, comparando os riscos pela sua descrição textual e, na célula de interseção, colocará o número daquele que acha mais importante, repetindo esse procedimento para todos os riscos do projeto. Depois disso, procederemos à consolidação das opiniões individuais, gerando formulário único, conforme ilustra a figura 23. Nele, o número de ocorrências em que cada risco foi selecionado como o mais importante nas comparações dois a dois (coluna #) gera a priorização (coluna prioridade).

Figura 23

Formulário de priorização por classificação comparativa de riscos

Riscos - Ameaças									#	Prioridade
1	Risco 1	1							4	**2**
2	Risco 2	1	2						3	**4**
3	Risco 3	1	2	3					0	**7**
4	Risco 4	1	4	4	4				3	**4**
5	Risco 5	5	5	5	5	5			6	**1**
6	Risco 6	1	2	6	4	5	6		1	**6**
7	Risco 7	7	2	7	7	5	7	7	4	**2**

Nesse exemplo, o risco considerado o mais importante foi o de número 5, que apresentou seis ocorrências como o mais importante no processo de avaliação dois a dois, seguido dos riscos 1 e 7, com quatro ocorrências cada. Lembramos que, se tivermos um projeto com muitos riscos (digamos, na ordem de centenas, o que não é incomum), a priorização por análise comparativa será totalmente inviável, em função do elevadíssimo número de interações de comparação dois a dois – matematicamente, essa abordagem leva a N(N-1)/2 comparações, sendo N o número de riscos.

Priorização por valor esperado

Esse método considera apenas o valor esperado dos riscos. Devemos, simplesmente, classificá-los pela variável escolhida, em ordem decrescente, fazendo com que o risco mais importante seja o de maior resultante ou valor esperado.

A análise gerencial é de extrema importância nesse momento, pois não podemos considerar a classificação como definitiva. Tomemos como exemplo o risco de uma seguradora em um seguro residencial. A probabilidade de ocorrência de um terremoto no Rio de Janeiro é baixíssima. No entanto, se ocorrer, o impacto será extremamente alto para a seguradora. O valor esperado resultante (probabilidade × impacto) pode não ser tão alto, em função da baixíssima probabilidade; no entanto, a seguradora, em função do impacto altíssimo, decide que não cobrirá esse tipo de risco. Para se eximir dele, a seguradora coloca uma cláusula no contrato de seguro, excluindo textualmente a cobertura contra terremotos.

Embora a equipe possa decidir não tratar alguns riscos identificados cujo impacto global tenha sido considerado moderado ou baixo, eles devem ser monitorados e rastreados durante a execução do projeto, uma vez que a probabilidade e o impacto de sua ocorrência podem mudar conforme o andamento dos trabalhos. O que foi considerado inicialmente um risco de baixa prioridade pode se tornar, repentinamente, de alta severidade.

Priorização por urgência

A priorização por urgência se fundamenta no valor esperado do risco dividido por seu tempo de ocorrência. Isso porque, em muitos casos, riscos com mesmos valores esperados ou valores esperados próximos podem ocorrer em tempos muito distantes no projeto. Assim, um risco A com valor esperado maior do que um risco B, mas com um tempo para ocorrência muito longo, terá uma urgência menor do que o risco B com menor valor esperado, mas que está prestes a ocorrer.

Ferramentas auxiliares de análise quantitativa

A análise quantitativa dos riscos normalmente envolve processos que exigem o uso de técnicas mais sofisticadas e, frequentemente, requer programas de computador complexos. Recomenda-se que organizações iniciantes no gerenciamento de riscos comecem devagar, até que consigam desenvolver conhecimento e experiência suficientes para aproveitar melhor seus benefícios, sob pena de se perderem em um emaranhado de conhecimentos estatísticos que não são de pleno domínio dos gerentes de projetos.

De modo geral, as ferramentas mais utilizadas no apoio à análise quantitativa de riscos, e que analisaremos a seguir, são:

- árvores de decisão; e
- simulação de Monte Carlo.

Árvore de decisão

Árvore de decisão é um método gráfico de expressão das alternativas de ação disponíveis a um gerente de projetos que necessita fundamentar seu processo decisório baseado em critérios de potencialização dos efeitos (resultados), os quais estão, invariavelmente, sujeitos a incertezas. Como o nome está dizendo, a árvore de decisão é para ser usada em situações nas quais temos decisões envolvendo escolhas e alternativas.

Nessas situações, espera-se estimar, com relativa precisão, o valor esperado do retorno de cada possível alternativa considerada. Ao gerente de projetos caberá escolher aquela alternativa que demonstrar melhor resultado entre todas.

Basicamente, o processo de construção e análise de árvores de decisão se fundamenta nos seguintes passos:

- definição do problema;
- identificação das alternativas a serem consideradas;
- identificação dos eventos futuros decorrentes das alternativas escolhidas;
- representação, em tabelas ou gráficos, das alternativas e suas ramificações;
- estimativa das probabilidades de ocorrência para cada evento futuro identificado;
- determinação dos valores finais das alternativas;
- tomada de decisão.

Para efeito de ilustração, considere um exemplo no qual, durante o planejamento dos recursos, o gerente de projetos e sua equipe estão diante de uma escolha do tipo "fazer ou comprar" (*make or buy*), na qual a decisão de preparação das máquinas (*setup*) para fabricar internamente um componente de um novo produto tem um custo bastante elevado em relação à importação desse mesmo componente da China. Acontece que o custo variável desse componente, caso fosse manufaturado internamente, uma vez tendo sido realizado o *setup* das máquinas, seria bem menor que o preço de compra do componente importado.

Sendo assim, vejamos como deveria proceder esse gerente de projetos:

- definição do problema – a decisão em questão é a de adotar uma alternativa de maior retorno econômico para o provimento de recursos do projeto de um novo produto;
- identificação das alternativas a serem consideradas – produzir internamente o componente ou importá-lo da China;
- identificação dos eventos futuros decorrentes das alternativas escolhidas – a demanda pelo novo produto poderia ser alta, média ou baixa, o que impactaria o retorno econômico do projeto (lucro líquido), que foi calculado como explicitado na tabela 2.

Tabela 2

Tabela de decisão – alternativa entre produzir ou importar

	Lucro líquido		
	Demanda ALTA ($)	Demanda MÉDIA ($)	Demanda BAIXA ($)
Produzir	53	32	11
Importar	45	30	15

- representação em tabelas ou gráficos das alternativas e suas ramificações – a escolha (*make or buy*) que o gerente de projetos deverá fazer e os valores envolvidos na análise estão expressos na árvore de decisão (figura 24):

Figura 24
EXEMPLO DE ÁRVORE DE DECISÃO INICIAL

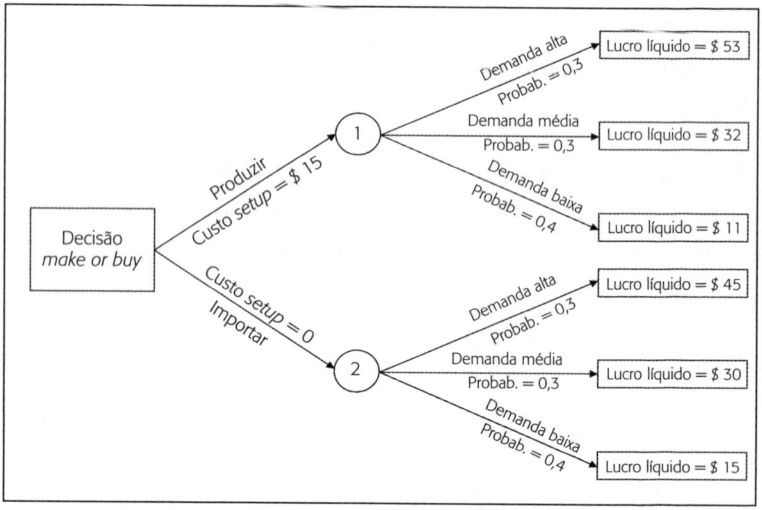

- estimativa das probabilidades de ocorrência para cada evento futuro identificado – as probabilidades para cada alternativa de demanda foram estimadas como:
- probabilidade de o produto ter demanda alta = 0,3 (30%);
- probabilidade de o produto ter demanda média = 0,3 (30%);
- probabilidade de o produto ter demanda baixa = 0,4 (40%);

- determinação do valor esperado e tomada de decisão – o valor esperado (VME) é obtido como o somatório da ponderação dos resultados em cada alternativa considerada multiplicados pela respectiva probabilidade de ocorrência. Em outras palavras, o valor monetário esperado de determinada alternativa de decisão é o produto do valor final esperado da situação pela sua probabilidade de ocorrência. Desse modo, a equipe do projeto pode determinar quais caminhos oferecem um resultado monetário mais atraente ou ainda que ofereça menor exposição frente aos riscos observados.

$$VME = \sum_{j=1}^{n} (resultado_j)(probabilidade_j)$$

No exemplo mencionado acima, o VME de cada alternativa pode ser calculado como:

$$VME_{PRODUZIR} = (\$53)(0{,}3)+(\$32)(0{,}3)+(\$11)(0{,}4)= \$29{,}9$$
$$VME_{IMPORTAR} = (\$45)(0{,}3)+(\$30)(0{,}3)+(\$15)(0{,}4)= \$28{,}5$$

Os cálculos apresentados nos levam, inicialmente, a considerar que a alternativa de produzir internamente, dadas as estimativas de demanda, traria maior retorno econômico ao projeto do novo produto do que a alternativa de importar.

Porém, teríamos ainda que levar em consideração o custo do *setup* da produção, o que modificaria a decisão. Ao se aplicar o custo de *setup* da expectativa de resultado, que só existe na alternativa de produzir localmente, a decisão muda. Vejamos a figura 25.

$$VME_{PRODUZIR} = (\$53)(0{,}3)+(\$32)(0{,}3)+(\$11)(0{,}4)= \$29{,}9 - \$15 = \$14{,}9$$
$$VME_{IMPORTAR} = (\$45)(0{,}3)+(\$30)(0{,}3)+(\$15)(0{,}4)= \$28{,}5 - \$0 = \$28{,}5$$

Essa ferramenta de decisão é importante para o trabalho do gerente de projetos, pois o auxilia no processo de tomada de decisões quando tem decisões alternativas, situação frequente no gerenciamento de riscos em projetos.

Figura 25

EXEMPLO DE ÁRVORE DE DECISÃO CONCLUÍDA

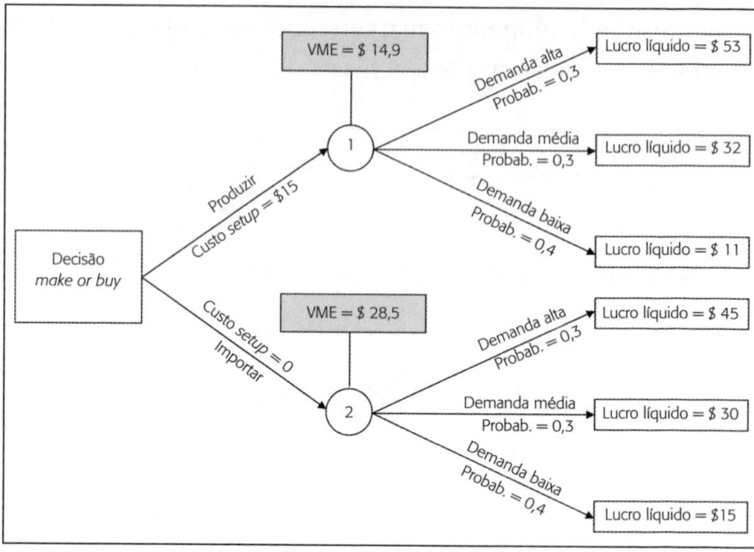

Simulação de Monte Carlo

A simulação de Monte Carlo consiste na utilização de programas de computador que fazem análises estatísticas, simulando a execução de seu projeto várias vezes, de forma a lhe dar uma distribuição probabilística dos possíveis resultados alcançados. Usualmente, somos determinísticos no planejamento de qualquer coisa. Por exemplo, quando desenvolvemos um cronograma, geramos uma única estimativa de duração para cada atividade, mas sabemos que isso não é necessariamente um fato. Para sermos mais precisos, precisamos aplicar uma distribuição probabilística para a estimativa de duração, determinando não apenas a duração mais provável, mas também uma duração mínima e uma duração máxima para cada atividade. A denominação "Monte Carlo" está associada à famosa cidade-Estado de Monte Carlo, conhecida internacionalmente por seus cassinos e jogos de azar.

Modelos de simulação são usados na análise de decisões que se caracterizam por condições de risco, ou seja, modelos em que o comportamento de um ou mais fatores são dados como incertos.

No contexto de projetos, os modelos de simulação prestam-se, normalmente, à avaliação mais precisa de análise de custos e prazos de entrega que se encontram sob condições de incerteza. Por meio da modelagem matemática e da execução de uma técnica de simulação, o gerente e sua equipe poderão, em pouco tempo, fundamentar melhor as condições que norteiam seus projetos e tomar decisões mais adequadas.

Para entendermos melhor, vamos analisar um exemplo. Suponha o caso de uma empresa que esteja elaborando uma proposta de projeto em resposta a um edital de serviços cujas cláusulas contratuais estabelecem multas significativas por dia de atraso. O gerente planejou os custos, bem como identificou os riscos que norteariam a execução do projeto. A questão que ele tem em mãos trata da introdução (ou não) de reservas de contingência de custos associadas aos riscos prioritários identificados e, em caso positivo, da quantificação do valor dessa contingência, de modo a balancear as condições de minimização de prejuízos e a manutenção da competitividade da proposta. O que fazer? Que tal tentar as técnicas de simulação em busca dessa resposta?

Em muitas situações, pela incapacidade técnica ou pelo desconhecimento do uso desse método, as equipes tendem a assumir as piores condições para avaliar os resultados de um projeto, acrescentando, de modo sistemático, reservas à duração das atividades e aos custos orçados. Fazem isso em decorrência da identificação e análise dos riscos ("Que tal colocarmos 10% de reserva sobre o custo ou cronograma, para fazer frente às incertezas e, se acontecer alguma coisa, a gente vê como é que fica?"). Essa prática conservadora, ainda que simples e barata, pode onerar a capacidade competitiva da proposta do projeto e implicar sua desautorização ou cancelamento.

O método de Monte Carlo, entretanto, permite que se aborde o contexto de resultados de uma forma mais integrada e abrangente, por meio do uso de distribuições de probabilidades nas estimativas do projeto. O processo ocorre de uma forma iterativa, de acordo com a sequência de análise descrita a seguir:

- ❑ modelagem da condição de risco do projeto e definição das variáveis dependentes e independentes do modelo estatístico;
- ❑ definição das distribuições de probabilidades que melhor se ajustam às variáveis independentes do modelo proposto;
- ❑ uso de simuladores computacionais para a geração de números aleatórios relacionados às variáveis independentes do modelo (o que pode variar) e variáveis dependentes (o que muda em função da variação das variáveis independentes);
- ❑ avaliação das probabilidades associadas aos resultados do modelo (variáveis dependentes do modelo) e tomada de decisão.

Para efeito de ilustração, considere o exemplo mencionado a seguir e o dilema do gerente acerca da questão dos custos e das multas. Imagine que o diagrama de rede do projeto esteja ilustrado na figura 26, o que implica que ele tem seis atividades, seu caminho crítico passa pelas atividades A, D, E e F e foi calculado para terminar em 22 dias.

Detalhando a sequência de passos acima descrita, temos o que se segue.

- ❑ Modelagem da condição de risco do projeto e definição das variáveis dependentes e independentes do modelo estatístico.

Figura 26

CRONOGRAMA PARA SIMULAÇÃO DE MONTE CARLO

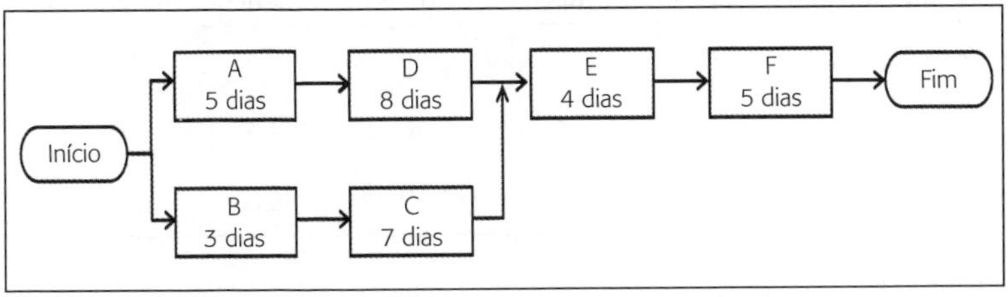

Imagine que as estimativas de duração das seis atividades estejam sujeitas a incertezas e que, em decorrência disso, o gerente tenha procurado desenvolver três estimativas baseadas em cenários, que foram caracterizados como cenários otimista, realista e pessimista. Ele escolheu, então, o modelo de distribuição beta de probabilidades, segundo o qual a média e o desvio padrão das estimativas são calculados como:

Média = (otimista + 4.realista + pessimista)/6
Desvio padrão = (pessimista – otimista)/6

Os valores calculados para média e desvio padrão com as fórmulas acima refletem as estimativas de duração apresentadas na tabela 3. O gerente de projetos reconhece que as maiores incertezas que ele identificou recaem sobre as atividades C, D e F, que são as de maior duração média e alto desvio padrão.

Tabela 3

DISTRIBUIÇÃO PROBABILÍSTICA DAS ATIVIDADES PLANEJADAS

Atividades	Duração otimista (dias)	Duração realista (dias)	Duração pessimista (dias)	Média	Desvio padrão
A	4	5	9	5,5	0,8
B	2	3	4	3,0	0,3
C	2	7	8	6,3	1,0

Continua

Atividades	Duração otimista (dias)	Duração realista (dias)	Duração pessimista (dias)	Média	Desvio padrão
D	4	8	9	7,5	0,8
E	2	4	8	4,3	1,0
F	4	5	12	6,0	1,3

b) Definição das distribuições de probabilidades que melhor se ajustam às variáveis independentes do modelo proposto. Essa premissa da utilização de um modelo probabilístico para cada atividade do projeto aponta que a duração de cada uma delas pode variar segundo modelos individuais de probabilidade. No caso em estudo, simplificamos a situação definindo que a duração de cada atividade segue um modelo beta de probabilidade. Esse modelo está ilustrado na figura 27.

Figura 27
Distribuição beta de probabilidades

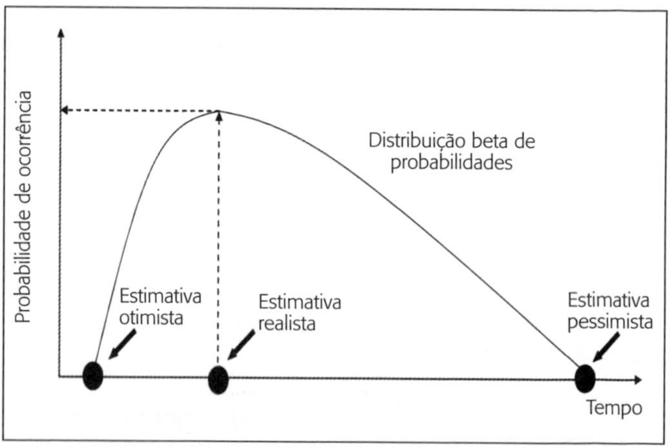

Ou seja, se a duração de cada atividade caracteriza-se por um comportamento probabilístico, como definir o tempo total de duração do projeto? A conclusão, até então, é que o gerente não consegue definir, com certeza, quanto tempo o projeto vai realmente durar. Serão 22 dias ou mais? Ou menos? E o problema das multas contratuais? Isso está lhe tirando o sono. Veja a figura 28.

Figura 28

CRONOGRAMA PARA SIMULAÇÃO DE MONTE CARLO

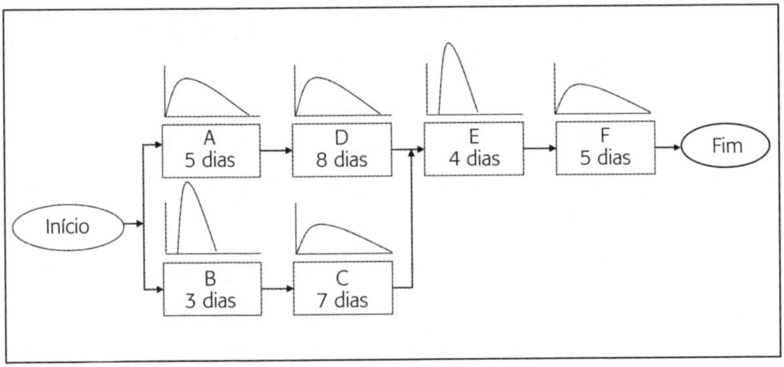

c) O uso de simulação computacional "executará" o projeto várias vezes, por meio da geração de números aleatórios, relacionando as variáveis independentes do modelo e a projeção das variáveis dependentes.
   O gerente fará uso de simuladores de números aleatórios que, de acordo com a distribuição de probabilidades beta definida e com os parâmetros calculados (média e desvio padrão), passarão a simular repetidamente, por várias vezes (neste caso optamos por mil interações), o modelo de execução do projeto, e calcularão a duração total resultante de cada uma das interações efetuadas. O uso de simuladores computacionais, atualmente, tem sido bastante facilitado pela simplicidade de programação e condições de acesso que muitos softwares de mercado oferecem. A tabela 4 ilustra

parte do resultado das simulações efetuadas sobre o exemplo em questão.

Tabela 4

SIMULAÇÃO DA DURAÇÃO DAS ATIVIDADES PLANEJADAS

Simulação	A	B	C	D	E	F
1	5,26	2,95	5,27	6,67	3,56	5,03
2	4,48	2,72	6,22	6,77	4,21	5,78
3	5,70	3,10	8,54	7,56	5,42	6,26
4	6,52	3,68	6,72	7,71	5,01	5,18
5	6,46	2,65	6,26	6,72	6,15	4,36
6	6,89	3,04	5,88	6,85	4,46	6,34
7	3,75	3,38	6,93	6,82	2,66	5,96
8	5,31	2,67	6,21	7,56	4,39	7,44
9	6,38	3,00	6,59	6,63	4,12	6,23
...	...	...	...	...	...	...
996	5,70	2,49	6,54	6,77	4,75	5,18
997	5,29	3,70	6,88	8,06	3,68	5,17
998	5,89	2,58	6,80	6,81	4,44	2,61
999	5,96	2,74	5,43	7,97	4,17	6,20
1.000	5,77	3,17	6,40	6,51	2,83	3,65

A tabela 5 apresenta parte dos resultados das mil durações simuladas do projeto.

Tabela 5

DURAÇÃO SIMULADA DOS CAMINHOS DO CRONOGRAMA

ADEF	BC	Duração do projeto
20,52	16,81	20,52
21,24	18,93	21,24
24,94	23,32	24,94

Continua

ADEF	BC	Duração do projeto
24,42	20,59	24,42
23,68	19,42	23,68
24,52	19,71	24,52
19,20	18,94	19,20
24,70	20,71	24,70
23,36	19,94	23,36
...	...	...
22,40	18,94	22,40
22,20	19,42	22,20
19,74	16,42	19,74
24,30	18,54	24,30
18,76	16,05	18,76

d) Avaliação das probabilidades associadas aos resultados do modelo (variáveis dependentes do modelo) e tomada de decisão.

Uma vez ordenadas as mil durações simuladas do projeto em ordem crescente e associadas à sua ordem percentual (distribuição de probabilidade acumulada), estas permitiram a projeção de um gráfico (figura 29), que dispõe na abscissa as durações obtidas e na ordenada a distribuição de probabilidade acumulada do valor correspondente de dias de duração do projeto.

O gráfico aponta para as informações de que o projeto:

- ❑ tem apenas 26% de chance de terminar na data prevista de 22 dias;
- ❑ 90% de certeza nos apontam para 26 dias de prazo;

- se quisermos ter quase 100% de certeza de que alcançaremos o prazo compromissado, deveremos definir a duração do projeto em mais de 29 dias.

Figura 29

ANÁLISE ESTATÍSTICA DA SIMULAÇÃO DE MONTE CARLO

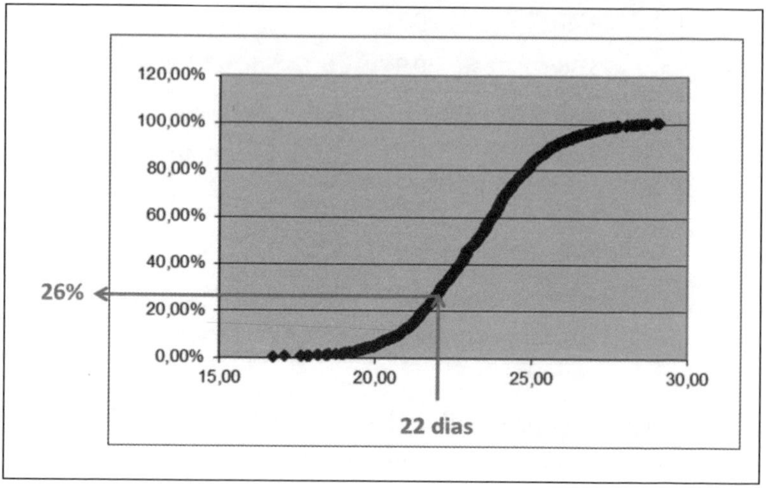

Isso colocará o gerente do projeto e sua equipe em estado de alerta para a possibilidade de multas por atraso, que, pelas condições aqui demonstradas, são muito prováveis. Portanto, é recomendável que se faça ou uma renegociação de prazos ou a introdução de valores de contingência nos custos previstos formadores do preço de venda.

Por outro lado, a simples inclusão de contingências de custos e/ou prazos devido ao comportamento probabilístico dos tempos de duração individual das atividades do projeto implica a redução imediata de seu grau de competitividade. Um projeto planejado para durar mais tempo e custar mais caro será obviamente mais difícil de ser aprovado. Aqui reside a beleza e a força da análise de Monte Carlo, ou seja, os riscos deverão ser analisados e assumidos conjuntamente pela equipe e patrocinadores.

Em suma, a simulação de Monte Carlo permitirá que o gerente, sua equipe e seus patrocinadores abordem de modo mais efetivo e formal a condição de riscos e impactos do projeto e a probabilidade estimada do alcance dos resultados esperados.

Neste capítulo, discutimos o processo de análise dos riscos de forma a conseguir determinar um peso para cada um deles. Abordamos os métodos de qualificação e de quantificação, seus processos associados e as vantagens e desvantagens decorrentes de cada abordagem. Ao final, vimos a importância de estabelecermos uma prioridade para os riscos, de modo a facilitar seu gerenciamento ao longo do desenvolvimento do projeto.

Vamos agora, no próximo capítulo, abordar os dois últimos processos de gerenciamento de riscos em projetos do *PMBOK®* (PMI, 2013), quais sejam: planejamento da resposta aos riscos e monitoramento e controle dos riscos em projeto.

4 Planejamento de respostas e controle dos riscos em projetos

Este capítulo aborda dois importantes processos gerenciais associados ao gerenciamento de riscos, segundo o *PMBOK®* (PMI, 2013): planejamento de respostas aos riscos e controle de riscos em projetos.

Inicialmente, será apresentado o processo gerencial denominado planejamento de respostas aos riscos do projeto. O assunto central que será explorado nesse processo refere-se às alternativas de respostas aos riscos – tanto positivos quanto negativos. Após a apresentação desse processo, o leitor terá condições de entender as diversas alternativas de respostas aos riscos, bem como conhecer as informações relevantes para um plano de respostas.

Em seguida, será apresentado e discutido o processo de controle dos riscos em projetos. Merece destaque, nesse processo, o momento da reação, o que dará, ao leitor, condições de entender como proceder quando um risco – programado ou não programado – chega ao âmbito do projeto.

Planejamento de respostas aos riscos em projetos

Uma vez identificados e avaliados os possíveis eventos de risco (ver capítulos 2 e 3), é preciso tratá-los. O processo de planejamento de respostas aos riscos do projeto visa gerar ações de aproveitamento das oportunidades, bem como de redução das ameaças aos objetivos definidos (PMI, 2013). Além disso, as informações geradas no processo de planejamento de respostas devem ser incluídas no registro de riscos para possíveis acessos futuros.

Os objetivos do planejamento de respostas são:

- definir estratégias de respostas para riscos positivos e negativos. Para cada conjunto de riscos, organizar respostas, cujas ações podem ser imediatas ou programadas;
- organizar e documentar as informações dos riscos avaliados, assim como suas alternativas de respostas;
- identificar ações correspondentes para cada estratégia definida. As ações devem ser valoradas de tal forma que os envolvidos com o projeto saibam da necessidade da administração dos riscos;
- desenvolver plano de ação – plano de contingência – para atender aos riscos do projeto. Esse documento aumenta o nível de detalhe das informações contidas no registro de riscos;
- estabelecer um responsável para cada risco, uma espécie de "dono", ou seja, um profissional que acompanhará o risco até sua efetivação ou eliminação;
- preparar a equipe do projeto para o controle dos riscos (efetivação da gestão). Uma equipe completa absorve, em termos técnicos, além das atividades do projeto, as atividades de gerenciamento de riscos;
- definir alertas para a possível ocorrência dos riscos. Esse objetivo mostra, à medida que o projeto se desenvolve, seus

momentos críticos em relação aos riscos – tanto os positivos quanto aos negativos;

- estabelecer reservas de contingência, o que dá maior segurança para que a equipe e os *stakeholders* mais próximos da gestão possam atingir os objetivos do projeto.

O processo de planejamento de respostas aos riscos permite que o gerente de projetos ou o gerente de riscos, junto com a equipe, possam prever o que fazer caso um risco venha a ocorrer. As ações de respostas, evidentemente, serão mais detalhadas conforme a intensidade ou valor esperado associado a um evento de risco, obtido no processo de avaliação (ver capítulo 3). Assim, quanto maior for o valor esperado associado ao evento de risco, mais detalhadas e consistentes devem ser as ações de respostas.

As informações de resposta devem levar em conta o momento de reação. Em alguns casos, quando a ocorrência de algum risco negativo precisa ser evitada, é necessário programar ações no início do projeto, no momento de seu planejamento. Em geral, tais ações farão parte do plano do projeto e, portanto, devem ser implantadas de modo a eliminar por completo a possibilidade do evento indesejado. Tal se caracteriza como reação ao risco por prevenção. Já em outros casos, as ações de respostas caracterizam-se por contingências, podendo ser planejadas.

As estratégias de respostas aos riscos podem ser organizadas em dois grupos: estratégias de ameaças (ou riscos negativos) ou estratégias de oportunidades (ou riscos positivos), conforme veremos a seguir.

Estratégias de respostas aos riscos negativos

Há três alternativas para definições de estratégias de respostas aos riscos negativos, quais sejam: prevenção, transferência ou mitigação.

A estratégia de prevenção requer mudar o plano do projeto para evitar que algo adverso ocorra. De certa forma, essa estratégia envolve a adoção de novas formas de abordar tecnicamente um problema. Por exemplo, se em um empreendimento for necessário não haver falhas técnicas decorrentes da implantação de um novo equipamento, o gerente e sua equipe podem optar pela estratégia de prevenção, fazendo uso de um equipamento já existente. Eliminam, portanto, o risco.

A estratégia de prevenção, quando utilizada em excesso, pode levar o projeto a uma postura demasiadamente conservadora. Nesse sentido, evitam-se novas tecnologias, novos métodos etc., tudo em função da prevenção. Portanto, a escolha dessa alternativa de resposta ao risco se dá em função de sua alta criticidade, isto é, de seu alto valor esperado.

Uma vez escolhida essa estratégia para um determinado risco, numa próxima rodada de avaliação ele não deverá aparecer, pois sua probabilidade deve ser zero ou próxima de tal. Por outro lado, a adoção tímida da estratégia de prevenção pode viabilizar riscos negativos, a ponto de comprometer o resultado final.

A transferência é outra estratégia de resposta aos riscos negativos do projeto. Transferir risco significa passá-lo para outra parte. Obviamente, essa ação não muda o valor esperado do risco. Além disso, a escolha dessa alternativa, em geral, pode ser custosa, resultando em um prêmio a ser concedido à parte que assume o risco. A responsabilidade fica, portanto, com alguma outra parte, mas isso não significa que o risco tenha desaparecido; significa, apenas, que sua gestão foi transferida.

Os mecanismos de transferência de riscos envolvem cláusulas contratuais, garantias, seguros etc. Os exemplos mais comuns são os contratos de preço fixo em que, em tese, os riscos são transferidos do cliente para o contratado. Nesse caso, visando buscar uma gestão eficiente, é preciso que o cliente crie mecanismos de controle para garantir que o risco foi transferido, ou seja, que ele está sendo efetivamente gerenciado. A documentação, nesse caso, é imprescindível para uma boa gestão. O cliente precisa estar consciente das fases do projeto em que podem ocorrer os riscos, ter informações sobre eles no desenvolvimento das ações etc.

Os seguros podem, também, ser utilizados como ferramentas de transferência de riscos. Essa opção requer a apresentação do projeto a uma seguradora, o que, em alguns casos, pode inviabilizar a transferência em razão de, muitas vezes, as seguradoras não estarem dispostas a se envolver com empreendimentos sobre os quais pairam muitas incertezas.

A mitigação de riscos negativos em projetos é mais uma estratégia de resposta. Em geral, é a alternativa mais conhecida pelos gerentes e contém três opções complementares: (i) minimizar a probabilidade de ocorrência do evento de risco; (ii) reduzir o impacto do risco nos objetivos do projeto; (iii) minimizar ambos, a probabilidade e o impacto. De maneira geral, as equipes inicialmente se concentram na redução da probabilidade e, depois, nos impactos. Reduzir a probabilidade e/ou o impacto dos riscos significa obter um novo valor esperado mais aceitável para os objetivos do projeto.

Uma ação de mitigação muito conhecida no setor industrial é o desenvolvimento de protótipos. A decisão de desenvolver protótipos antes de fabricar um novo produto ajuda a mitigar riscos do processo ou do produto, que podem ocorrer durante a produção.

Outro exemplo de mitigação são os testes de implantação de sistemas, que podem ser feitos em departamentos específicos antes da disseminação do sistema por toda a organização.

A mitigação pode envolver, também, fornecedores mais estáveis, como resposta às dúvidas associadas à seleção de um novo fornecedor. Para tal, os aspectos que devem ser levados em conta são a relação conhecida com fornecedores estabelecidos, a comunicação destes com o projeto etc. Nesse quesito, uma alternativa bastante viável é antecipar o desenvolvimento de fornecedores. Isto serve para mitigar possíveis riscos associados a um novo negócio.

Os riscos negativos são mais fáceis de ser entendidos pelos gerentes de projetos ou gerentes de riscos, mas nem sempre são de fácil detecção, o que torna, muitas vezes, difícil organizar ações de contingência. Com o aumento da maturidade em gerenciamento de riscos, é possível aprimorar, cada vez mais, os planos de resposta aos riscos negativos. Aprender com falhas (ou sucesso) de projetos tem ajudado os gerente e equipe a produzir melhores planos de respostas aos riscos.

Para explicar melhor a abordagem de riscos negativos, vale a pena citar o caso do *Titanic*, navio que afundou em sua viagem inaugural, em abril de 1912. Esse caso é cheio de exemplos de presença e ausência de gerenciamento de riscos, especificamente com relação ao processo de planejamento de respostas. Como já foi amplamente divulgado, o *Titanic* foi projetado para ficar estável mesmo com compartimentos inundados. Devido a essa característica técnica assumida, gerou-se a expectativa de que o navio era praticamente impossível de afundar. Consequentemente, com essa informação disseminada entre as equipes de projetos, poucos esforços foram feitos na tentativa de dar adequadas respostas aos riscos negativos. Pode-se citar o fato de que os projetistas incluíram salva-vidas em número suficiente apenas para metade dos passageiros e tripulação, em caso de afundamento do navio. Sem dúvida, essa foi uma resposta de mitigação ao risco de tal sinistro, mas, também sem dúvida, uma resposta inadequada.

Conforme a viagem evoluía, os primeiros sinais de riscos negativos começavam a aparecer. Um deles foi a informação da presença de *icebergs* em rota, recebida pela tripulação do

Titanic. A informação era consistente, tanto que foi constatado um dano importante no leme do navio informante, causado por um *iceberg*.

Outros fatos relevantes evidenciaram condições para a ocorrência de riscos. Do ponto de vista do comando do *Titanic*, sabe-se hoje que as condições climáticas favoreciam o cenário de risco. Por exemplo, a escuridão – uma vez que a Lua pouco apareceu naquela noite –, a intensidade dos ventos e o mar calmo eram condições que, segundo especialistas, dificultavam a detecção de *icebergs*.

Em termos estruturais, sabe-se, também, que o navio foi construído com chapas rebitadas a frio. Esse processo de construção produziu pequenas trincas nas superfícies, não percebidas na época da construção. Além do mais, nesse quesito, descobriu-se que o tipo de aço usado no casco era sensível, quando exposto a baixas temperaturas – no caso, em torno de 0°C.

Como é possível ver hoje, tanto as condições da viagem quanto as do navio pareciam contribuir para a ocorrência do mais conhecido dos acidentes navais. O *Titanic* atingiu um grande *iceberg* às 23h40min do dia 14 de abril de 1912 e seu afundamento ocorreu às 2h20min da manhã seguinte. Ou seja, o risco ocorreu. Nessa situação, é natural que gerentes de projetos perguntem: "O que fazer?" A resposta é, obviamente, implantar um plano de resposta aos riscos. Nesse caso, vale apena questionar: "Qual?".

Na fase inicial do naufrágio, houve uma inundação lenta e parcial. A resposta ao risco começou, então, a ser levada a cabo – os equipamentos salva-vidas foram colocados no mar. No entanto, o peso da água que entrou no navio aumentou as tensões internas, o navio inclinou-se e partiu-se em duas partes, afundando e causando a morte de mais de 1.500 pessoas, entre passageiros e tripulantes.

Esse caso mostra que um plano de resposta aos riscos negativos poderia ter sido desenvolvido e, se implantado, muito provavelmente mortes seriam evitadas. As respostas aos riscos poderiam ter sido dadas em função das informações que evidenciavam o desastre. Por exemplo, um plano mais ousado de resposta poderia ter sido desenvolvido com o argumento de que os projetos de engenharia naval podem não ser 100% confiáveis. Outro elemento que poderia ter sido levado em conta era a rota do navio. Sabendo-se da presença de *icebergs*, a alteração de rota seria uma resposta plausível a esse tipo de risco, ou seja, mitigação!

As lições aprendidas com essa história têm ajudado projetistas e gerentes de projetos na configuração de planos de respostas melhor organizados, os quais têm propiciado, também, melhores avaliações e controle dos riscos.

Estratégias de respostas aos riscos positivos

Uma vez exploradas as respostas aos riscos negativos, vale a pena tratar das estratégias de respostas aos riscos positivos. Há três alternativas para essa estratégia: exploração, compartilhamento e melhoramento.

A estratégia denominada exploração deve ser selecionada quando os executivos de uma organização decidem aproveitar uma oportunidade identificada e avaliada como de alto valor esperado. Aproveitar uma oportunidade significa garantir que o evento de risco positivo ocorra e, para isso, desenvolver ações que visem ao aumento de sua probabilidade de ocorrência. São ações que devem eliminar as incertezas associadas ao evento de risco positivo, de tal forma que a oportunidade tenha realmente condição de ocorrer.

A exploração pode levar o gerente de projetos ou o gerente de riscos a tomar dois tipos de decisões: (i) decisão interna ao projeto; ou (ii) decisão externa ao projeto.

As decisões internas geram benefícios que são refletidos nos indicadores do projeto, como redução de custos, melhora nos indicadores de satisfação do cliente, geração de receitas, entre outros. Nesses casos, por exemplo, a descoberta de uma nova tecnologia pode ser um fato indutor de uma oportunidade, o que significa benefício. Esse tipo de oportunidade ocorre em vários tipos de empreendimentos. Na construção civil, em projetos de pequenas obras, a possibilidade de usar uma betoneira pode significar a redução de dias importantes e, ao mesmo tempo, gerar um grau de satisfação do cliente, pois ele acredita que a qualidade pode ser aumentada.

Já as decisões externas podem gerar novos projetos dentro da empresa. Em alguns casos, é preciso checar a possibilidade de sua realização frente às estratégias empresariais.

Já o compartilhamento é mais do que uma alternativa estratégica de resposta ao risco positivo; caracteriza-se pela atribuição de parte dos benefícios e oportunidades a serem auferidos pelo projeto, a partir do risco positivo, a terceiros, em benefício do próprio empreendimento. Essa estratégia de resposta ao risco se caracteriza por parcerias entre empresas ou equipes de projetos, contratos na modalidade *joint venture*, alianças, entre outras. Um exemplo de estratégia de compartilhamento são os contratos de *joint venture* feitos entre a Embraer e seus fornecedores para produção de aviões. Nessa estratégia, compartilhar riscos positivos significa juntar tecnicamente as capacidades dos envolvidos, de tal forma que, quando o empreendimento der resultados, os lucros serão compartilhados. Em geral, a escolha por tal estratégia ocorre quando se acredita que as atuações conjuntas podem resultar em oportunidades mais eficazes.

Já a estratégia de melhoramento visa estabelecer ações que alterem o valor esperado de um evento de risco positivo, seja por meio do aumento de sua probabilidade de ocorrência, seja por meio do aumento de seus impactos. Dessa forma, os gerentes de riscos ou do projeto procuram fortalecer as causas associadas à oportunidade.

Estratégias de respostas aos riscos negativos e positivos

Uma estratégia de resposta comum tanto aos riscos negativos quanto aos positivos é a estratégia de aceitação. Aceitar riscos pode ser uma estratégia escolhida quando é baixa a probabilidade de ocorrência de um evento ou são reduzidos os impactos dele no projeto. Assim, ela pode ser adotada quando o valor esperado do risco é baixo. Por outro lado, ela muitas vezes ocorre quando não é possível escolher outras ações. Nesse caso, os objetivos do projeto estão desprotegidos quanto aos riscos negativos. Já no caso dos positivos, os objetivos são expandidos.

Há duas categorias de aceite de riscos: passiva e ativa. Uma aceitação passiva não requer ações decorrentes. A equipe do projeto responde ao risco quando ele ocorre, de forma reativa e não planejada. A literatura profissional de gerenciamento de projetos chama esta alternativa de "quebra-galho" (*workaround*, em inglês).

Já a aceitação ativa exige que ações sejam incluídas no plano de respostas – um plano de contingência que será usado se um possível evento de risco se tornar realidade – para serem executadas no caso de o risco ocorrer (Gray e Larson, 2009). No caso dos riscos positivos, um plano de negócio ou de ações deve ser elaborado.

As estratégias de respostas aos riscos, tanto positivos quanto negativos, podem ser visualizadas pela conjugação das avaliações de impacto e probabilidades na tabela 6. A região em que o risco é posicionado (tabela 6) mostra a estratégia de resposta mais adequada.

Tabela 6

Matriz impacto × probabilidade

Probabilidade	Ameaças					Oporunidades				
0,90	0,05	0,09	0,18	0,36	0,72	0,72	0,36	0,18	0,09	0,05
0,70	0,04	0,07	0,14	0,28	0,56	0,58	0,28	0,14	0,07	0,04
0,50	0,03	0,05	0,10	0,20	0,40	0,40	0,20	0,10	0,05	0,03
0,30	0,02	0,03	0,06	0,12	0,24	0,24	0,12	0,06	0,03	0,02
0,10	0,01	0,01	0,02	0,04	0,08	0,08	0,04	0,02	0,01	0,01
	0,05	0,10	0,20	0,40	0,80	0,80	0,40	0,20	0,10	0,05

Fonte: PMI (2013).

A tabela 6 é um instrumento que serve para orientar os gerentes e membros de equipes de projetos, quanto às respostas aos riscos, de acordo com seu posicionamento em três regiões: (i) região central superior; (ii) regiões intermediárias; e (iii) regiões inferiores esquerda e direita.

Por exemplo, quando um risco estiver posicionado na região central superior (região mais escura), é porque o mesmo apresentou alta avaliação, tanto de probabilidade quanto de impacto. Essa região representa os altos riscos do projeto. Assim, se o risco se posicionar nas colunas de oportunidades, a resposta correta a ser escolhida será de exploração. Já se ele se posicionar nas colunas de ameaças, a resposta correta será de prevenção.

A região de baixo risco (representada na tabela 6 pelas regiões inferiores, esquerda e direita), ou seja, de baixa probabilidade e baixo impacto, está associada às estratégias de aceitação, tanto para riscos positivos quanto para os negativos.

Já as regiões intermediárias (regiões mais claras) servem para orientar as estratégias de mitigação – quando o posicionamento do risco se der nas colunas de ameaças – e melhoramento, quando o posicionamento se der nas colunas de oportunidades.

A tabela 6 mostra que, de acordo com tais regiões, o gerente de projetos, o gerente de riscos e a equipe podem, visualmente, estabelecer os procedimentos de respostas aos riscos identificados.

Uma vez escolhidas as estratégias de respostas, é preciso construir efetivamente o plano de resposta e assegurar sua execução.

Para que o processo de planejamento de respostas aos riscos do projeto seja bem-elaborado, as informações que chegam do processo anterior – avaliação – precisam estar bem estruturadas. Não é incomum ter planos de respostas de baixa qualidade, muitas vezes com informações inexatas e imprecisas, que dificultam o processo de tomada de decisão. A experiência da equipe de projetos e sua capacidade de produzir informações sobre riscos contribuem para a elaboração de um consistente plano de respostas, isto é, um plano que seja exequível.

O plano de resposta, com base nas informações do documento "registro de riscos", contém os cronogramas de desenvolvimento das atividades, assim como seus respectivos responsáveis.

Não há um consenso sobre as distinções entre registro de riscos e plano de respostas aos riscos. Alguns autores os consideram o mesmo documento. Para efeitos didáticos, é possível dizer que o registro de risco, que acompanha o evento de risco desde o início até o fim do projeto, é um documento que vai abastecer o processo de gestão de conhecimento acerca do empreendimento. Já o plano de respostas aos riscos é mais preciso, contém os documentos de um plano de projeto, em cuja documentação deve, muitas vezes, ser incluído (Carvalho e Rabechini Jr., 2011). Os autores que não fazem distinção entre tais documentos afirmam que os registros de riscos devem incluir os cronogramas no momento da elaboração do processo de planejamento de respostas.

O processo de planejamento de resposta aos riscos deve gerar, além das estratégias escolhidas para ameaças e oportunidades, as ações correspondentes a tais estratégias. Associados a essas ações, um plano de respostas deve fornecer informações que deem condições de os executivos do projeto definirem fundos de contingência e reservas adequados. Esses fundos de contingência serão utilizados pelo gestor de riscos, caso seja necessário implantar as ações de contingência. Assim, os fundos de contingência são normalmente utilizados para cobrir os riscos.

Além disso, um bom planejamento das respostas aos riscos de um projeto deverá apresentar valores para as contingências. O montante de recursos destinados ao atendimento das contingências depende das incertezas envolvidas. Tecnicamente, o termo utilizado para o montante e recursos destinados às contingências é *reserva*.

No senso comum, reserva significa guardar algo para casos imprevistos. As reservas, em gerenciamento de projetos, são utilizadas para os casos de aceitação de riscos e para riscos residuais.

Riscos residuais são aqueles que se mantêm, mesmo depois da implantação das respostas. Há, também, os riscos secundários, isto é, aqueles que podem afetar um projeto após a aplicação de uma resposta.

Os tipos de reservas mais utilizados pelos gerentes se fundamentam em prazo e custo.

Reservas de prazo incorporam tempo adicional ao projeto, sendo também chamadas, segundo o PMI (2013), de reservas para contingências, reservas de tempo ou *buffers* no cronograma total, como reconhecimento da possibilidade de impacto do risco no cronograma. Essa reserva é apresentada em um percentual da estimativa de duração da atividade ou em número fixo de períodos de trabalho.

A contingência de prazo pode ser calculada multiplicando-se a probabilidade de ocorrência de um evento de risco pelo tempo adicional caso ele ocorra. Em outras palavras, se a um evento for atribuída a probabilidade de 40% de chance de ocorrência, com impacto de 20 dias de duração no prazo do projeto, o prazo da reserva corresponderia a oito dias.

A reserva para contingências pode ser usada total ou parcialmente, ou pode ser reduzida ou eliminada posteriormente, conforme informações mais precisas se tornem disponíveis. Muitos projetos, com o aparecimento de uma nova tecnologia, por exemplo, ou mesmo de um novo processo produtivo, podem ter seu tempo de execução reduzido. Nesse sentido, as reservas podem ser eliminadas, o que, certamente, dará mais fôlego ao empreendimento.

As reservas de contingência também podem ser relacionadas aos custos de um projeto sendo, normalmente, chamadas de provisões para contingências. Nesse caso, referem-se aos custos estimados, programados para serem utilizados, entre outros casos, quando houver eventos que precisem ser antecipados, isto é, eventos que façam parte do escopo, mas que, por alguma razão (aqui entram as incertezas), precisem ter seus gastos realizados antecipadamente. Essa antecipação e a utilização das reservas são decifradas pelo gerente no momento considerado adequado para o bom andamento das contas do projeto.

Em termos práticos, a gestão das reservas financeiras pode se dar por meio da agregação das reservas de várias atividades relacionadas a uma única tarefa/atividade do cronograma, com duração nula. À medida que as atividades do cronograma forem consumidas, a reserva deverá ser concomitantemente gerenciada, de acordo com as necessidades do projeto.

Alternativamente, podem-se agrupar as reservas numa só atividade *buffer* e posicioná-las no final do caminho de um conjunto de atividades. Do mesmo modo que ocorre nas atividades de reserva com duração nula, essas atividades de *buffer* também devem ser administradas intensamente, com forte dedicação, conforme o projeto vai sendo desenvolvido. Espera-se, como resultado, que as variações de custos do conjunto de atividades do projeto, relacionadas com aquelas que contêm as reservas, sejam mais exatas.

Uma contingência de custos pode ser calculada utilizando-se os valores de probabilidade associados aos eventos de risco e os valores dos impactos (medidos em moeda corrente), ou seja, valor esperado. Na prática, isso quer dizer que, se para determinado risco forem associados 60% de probabilidade de ocorrência e seus efeitos forem, em termos financeiros, da ordem de US$ 10 mil, tem-se que o valor da reserva é de US$ 6 mil. Uma vez calculado o valor da reserva para contingência de custo, é preciso designar um período provável para a ocorrência do evento e associar isso ao cronograma (Cleland e Ireland, 2007).

Caso as ocorrências de risco sejam evitadas, tanto as reservas de prazo quanto as de custos podem ser, evidentemente, liberadas. No caso das reservas de custos, isso pode significar diminuição do volume financeiro necessário para o projeto.

A reserva total de contingência pode ser definida como o somatório dos custos projetados de resposta. Além das reservas de contingência para os riscos identificados, é possível, ainda, haver situações de incertezas não identificadas previamente, isto é, desconhecidas. Para fazer frente a essas situações, é possível planejar as reservas gerenciais, que são, tão somente, reservas percentuais sobre os totais do projeto, seja em prazo ou financeira.

A partir da discussão sobre a concepção de um planejamento de resposta aos riscos, é possível eleger os elementos que devem compor um plano de resposta (quadro 8).

Quadro 8

CONTEÚDO DO REGISTRO DOS RISCOS DO PROJETO

Informação	**Conteúdo**
Evento de risco	Descrição do evento de risco.
Causas	Refere-se à causa-raiz possível de ser gerenciada.
Áreas	Departamentos /setores da organização ligados aos eventos de riscos.
Proprietários	Profissionais responsáveis por administrar o risco. Podem ser gerente do projeto/risco, cliente, fornecedor, terceiros etc.
Avaliação	Informações que remetem aos valores de probabilidade, impacto e valor esperado do risco.
Estratégias	Alternativas de respostas aos riscos.
Ações	Atividades a serem executadas, que correspondem às alternativas de resposta escolhidas.
Prazos	Tempos envolvidos na ação de resposta.
Custo	Orçamento para ação de resposta.
Recursos	Pessoas que deverão ser alocadas, no caso de uma ação de resposta.
Gatilhos	Sinais que especificam o momento da reação aos riscos e disparam a implantação do plano de contingência das estratégias de resposta.
Reservas	Valores de contingência.
Patrocinadores	Profissionais da alta administração da organização envolvidos com as respostas aos riscos.
Riscos residuais	Riscos que podem surgir ou ficar após a implantação das respostas.
Riscos secundários	Riscos que surgem decorrentes da implantação das respostas.
Proprietário	Profissional que vai acompanhar e cuidar do risco, ao longo do projeto.

Vale a pena lembrar que tanto os valores de gerenciamento de riscos quanto os valores de custos de um plano de respostas devem ser incorporados ao orçamento do projeto.

Uma informação importante que deve compor o plano de respostas é o gatilho do risco. O gatilho ajuda o gerente de riscos a identificar os sinais que levam ao acionamento do plano de contingência e de suas ações correspondentes. Por exemplo, em uma obra ao ar livre, há determinados momentos em que o empreendimento não pode ficar exposto às chuvas (como é o caso da cura de concreto em obras civis). Assim, é possível estabelecer gatilhos para ajudar a detecção da ocorrência desse risco. Nesse caso, podem ser sinais: a umidade relativa do ar, valores de pressão atmosférica, visão de nuvens e sons de raios. Quando esses indicadores atingirem os níveis preestabelecidos durante o planejamento de respostas, a equipe e o gerente de riscos ou do projeto passam à implantação do plano de contingência. A construção de um plano de respostas ao riscos, como foi visto, é de grande valia para os *stakeholders*. Assim, o gerente e demais *stakeholders* poderão colher os benefícios desse importante processo.

Os benefícios do desenvolvimento do processo de planejamento de resposta aos riscos são:

- estabelecer organizadamente, as respostas aos riscos do projeto, negativos e positivos – ter um plano de respostas é tratar o assunto, dentro do gerenciamento de projetos, de forma profissional;
- identificar os responsáveis pelas ações de respostas – o estabelecimento de deveres para os profissionais envolvidos com risco torna possível a execução de ações corretivas e mitigatórias;
- definir gatilhos para organizar as ações de controle – a possibilidade de identificar os sinais que indicam ocorrência

do risco ajuda o gestor e a equipe de projetos a acionar um plano de contingência e a implementá-lo;

- discutir sobre riscos secundários e residuais – esse aspecto mostra um aprofundamento da questão e possibilita a criação de uma cultura gerencial associada a gerenciamento de riscos;
- organizar o registro de riscos – o registro é um documento que acompanha o risco ao longo do projeto e, portanto, é um excelente instrumento de gestão. Servirá, possivelmente, para compor o banco de dados de riscos – elemento fundamental na gestão de conhecimento dos projetos de uma organização;
- organizar planos de contingência de acordo com o registro de risco – o detalhamento da resposta ao risco, dependendo do empreendimento, gera ações específicas decorrentes de uma tomada de decisão. Com os planos de contingência, o gerente de projetos/riscos e sua equipe podem se organizar melhor, em termos de administração do projeto como um todo;
- buscar reservas necessárias ao desenvolvimento do gerenciamento de riscos, as quais devem ser consideradas no orçamento do projeto.

Um plano de respostas aos riscos bem-elaborado pode ser um "argumento" para que o gerente de projetos busque recursos para dar mais segurança ao empreendimento, em se tratando de riscos negativos.

Controle dos riscos em projetos

O processo de controle dos riscos em projetos visa implantar o plano de respostas, bem como rastrear novos riscos, monitorar riscos residuais e avaliar a efetividade do processo de gerenciamento de riscos. Trata-se do processo que acompanha a dinâmica do risco durante toda a execução do projeto.

O controle é o último processo referente ao gerenciamento do risco em um projeto, mas pode ser executado em qualquer momento do gerenciamento deste último. Por ser um processo que efetiva o gerenciamento do risco, acredita-se que os empreendimentos tenham suas chances de sucesso aumentadas quando os procedimentos de controle são adequadamente desenvolvidos.

O controle dos riscos do projeto envolve a execução das estratégias de resposta, monitoramento de eventos-gatilho, implantação dos planos de contingência e observação de novos riscos. O responsável pelos riscos, ao se envolver com o controle, deve saber, por meio do registro decorrente do processo de planejamento de respostas, o momento certo de agir.

Além disso, tal qual o controle do projeto, o controle de riscos deve ser acompanhado pelo gerente de projetos/riscos e garantir que o plano de respostas seja monitorado.

Os objetivos do processo de controle de riscos são:

- implantar o plano de respostas aos riscos quando necessário – objetivo que configura o processo de controle de riscos, ou seja, a partir da implantação é possível entender o posicionamento da equipe frente aos riscos, positivos ou negativos;
- determinar se as premissas do projeto continuam as mesmas – não só a verificação das premissas, mas também novos riscos devem ser buscados no processo de controle;
- identificar mudanças na avaliação do risco (probabilidade ou impacto) – a dinâmica do projeto pode alterar a avaliação de seus riscos, tanto em termos de impacto quanto de probabilidade;
- confirmar os valores esperados dos riscos – em atenção à dinâmica dos riscos no projeto, o gerente e sua equipe de-

vem, continuamente, examinar as tolerâncias em torno dos valores esperados – a efetiva medida do risco;

- analisar se as reservas de contingência de custo e prazo estão adequadas em face da dinâmica do projeto – objetivo que se refere à atenção quanto ao uso dos recursos expressos pelas reservas de contingência;
- avaliar se as políticas do projeto estão sendo seguidas – objetivo que poderá dar mais organização aos gerentes e patrocinadores do projeto;
- avaliar se as respostas aos riscos precisam ser disparadas – um dos pontos altos do controle de riscos é a verificação dos gatilhos disparados por meio de sinais, os quais são previamente definidos no processo de planejamento de respostas aos riscos;
- identificar se os responsáveis pelo risco podem dar os alertas necessários quando os eventos de riscos se materializarem.

O gerente de projetos/riscos deve, ao realizar o controle, analisar periodicamente os gatilhos especificados no registro de riscos. Essa análise deve considerar o momento exato em que ações contingenciais precisam ser disparadas. Em linhas gerais, o controle de respostas aos riscos pode ser realizado, de acordo com o andamento do projeto, sempre que um risco ocorrer, sempre que forem solicitadas mudanças etc.

Uma recomendação importante ao gerente de riscos é executar o controle de tal forma que haja tempo hábil para que a tomada de decisão quanto à implantação de respostas seja possível. O controle, portanto, deve ser contínuo. Em termos práticos, é por meio do controle que o gerente de projetos/riscos assegura o bom andamento do projeto em relação aos possíveis impactos dos eventos incertos que, se ocorrerem, podem comprometer os resultados esperados.

Muitas vezes, no entanto, um risco ocorre sem aviso prévio. Um exemplo disso é o caso de um meteorito que caiu na Rússia em 2013 e despertou o mundo para a necessidade de fazer gerenciamento de riscos, especialmente o controle de riscos em projetos. Na época, políticos ligados às agências aeroespaciais começaram um movimento para que se invista em desenvolvimento tecnológico na área de detecção de corpos celestes cuja rota possa colidir com o planeta Terra.

O controle do risco pode ser feito durante as seções de revisão do projeto e, muitas vezes, a equipe responsável pelo gerenciamento pode ser a indutora dessas seções, ou seja, as revisões são feitas por meio de reuniões previamente agendadas, com o intuito de gerenciar os riscos. A condução de tais reuniões deve permitir que o gerente e sua equipe estejam preparados para tratar dos elementos essenciais ao gerenciamento dos riscos, por meio da verificação de documentos, análises de desempenho do projeto etc.

Embora se saiba que o controle das respostas é um processo essencial para a efetivação do gerenciamento, em muitos casos tal não ocorre sistematicamente. Em pesquisa realizada no Brasil envolvendo 415 gerentes de projetos, em quatro estados, constatou-se que os processos de gerenciamento de riscos mais desleixados pelos gerentes foram, justamente, os processos de planejamento e controle das respostas, isto é, 67% dos respondentes informaram que a elaboração do plano de respostas aos riscos não é realidade em seus projetos. Já para o processo que envolve implantação (controle) do citado plano, 64% dos respondentes afirmaram que não o fazem em seus projetos (Rabechini Jr.e Carvalho, 2011).

A constatação acima, embora restrita à amostra da pesquisa, deve ser levada em conta pelos gerentes de projetos/riscos durante a administração de um empreendimento. A importância do desempenho de tais processos poderá, certamente, levar o projeto a um atingimento mais completo de seus objetivos.

O processo de controle de riscos não deve prescindir de um bom plano de respostas e de uma comunicação intensa com os *stakeholders*. Na prática, a comunicação necessária no momento do controle envolve informação a respeito das reações aos riscos e todos os dados do plano de gerenciamento de riscos e do plano de respostas. Uma comunicação exata, no momento da reação ao risco, implicará tomadas de decisões adequadas pelos *stakeholders*. Isso poderá ajudá-los a entender as implicações dos riscos (e respectivas reações), bem como ter ciência do *status* e do potencial deles em projetos. A equipe também faz uso da comunicação na medida em que entende a eficácia das reações levadas a efeito e dos contornos que, porventura, tenham sido escolhidos.

No entanto, o momento da reação a um risco não previsto torna o gerenciamento de riscos e do projeto extremamente difícil.

O caso mais emblemático de que se tem notícia na literatura sobre gerenciamento de riscos foi, sem dúvida, a missão espacial norte-americana Apollo 13 (Lines, 1996). Nesse caso, é possível entender a capacidade da Nasa em responder aos riscos imprevistos de projetos, realizando o processo de controle de forma tensa, incerta, mas exitosa.

A missão Apollo 13 tinha como objetivo levar o homem à superfície da Lua e trazê-lo de volta em segurança – um marco na história, cujo desafio havia sido lançado pelo presidente dos EUA sete anos antes. Em decorrência de um problema inesperado, ocorrido no primeiro terço do voo, o objetivo original foi alterado. Vinte e cinco horas após o lançamento, uma explosão em um dos tanques de CO^2 comprometeu o suprimento de oxigênio disponível para a tripulação. Um dos tanques de oxigênio do módulo de serviço tinha explodido e o gás estava vazando.

Numa espaçonave, o oxigênio é consumido apenas pela tripulação e no processo de produção de energia. Os astronautas não tiveram escolha a não ser tomar a decisão acertada de desligar os motores para garantir o combustível da viagem de volta. Como consequência dessa decisão, a nave ficaria funcionando só com as baterias – ou seja, todos os equipamentos que não fossem essenciais teriam de ser desligados. Os elementos até aqui apresentados mostram que um risco inesperado ocorreu e não havia um plano de contingência para ele. Dando sequência ao caso, a equipe em terra, ao fazer o controle de riscos depois da constatação da gravidade da situação, sugeriu a mudança do objetivo original. O objetivo da missão passou a ser: criar alternativas para trazer a tripulação de volta à Terra, com vida. Praticamente um novo projeto começava, com extrema necessidade de gerenciamento de riscos.

O projeto de volta foi marcado por vários elementos que mostram a importância do gerenciamento de riscos, especialmente no que tange aos processos de planejamento de resposta e ao controle, desenvolvidos de forma intensa. A equipe que estava em terra precisava desenvolver, por exemplo, filtros para a respiração dos astronautas, com baixíssima possibilidade de não funcionarem, pois os impactos seriam fatais. Além disso, uma equipe de controle de riscos se concentrou na avaliação das possibilidades de novos riscos. Essa dinâmica ocorreu durante toda a trajetória de volta. Como se sabe, os astronautas voltaram vivos à Terra e a missão Apollo 13 atingiu o objetivo expresso no replanejamento.

Como visto, foi possível aprender com esse caso fazendo as conexões com a teoria de gerenciamento de riscos. De forma geral, o caso também pode ser visto como uma forma de aproveitamento de oportunidades, principalmente quando olhamos tudo o que ocorreu após o encerramento do projeto. Assim, se de um lado foi possível perceber a ocorrência de riscos negativos, do outro ficou claro que a Nasa soube resolvê-los e, certamente, mostrou ao mundo suas competências gerenciais em riscos. Nesse sentido, a comunicação sobre os dados do projeto foi um aspecto que despertou interesse até nos meios cinematográficos e editoriais – há filmes, documentários, livros e publicações que nestes aproximados 50 anos vêm abastecendo a curiosidade dos profissionais em gerenciamento de riscos em projetos e os interessados no assunto de forma mais ampla.

Retomando, o processo de controle de riscos deve levar em conta dois aspectos relevantes para o desenvolvimento de um projeto: avaliação e sua documentação.

O processo de controle de riscos de um projeto deve ser apropriado para a avaliação do desempenho do empreendimento. O exame dos resultados parciais de um empreendimento, por exemplo, por meio das informações contidas nos relatos de desempenho, certamente deve ser um importante elemento de suporte à decisão relacionado ao mesmo. Ou seja, é possível dar ao gerente condições de tomar decisões no âmbito do gerenciamento de riscos e do gerenciamento do projeto a partir da avaliação dos desvios de prazos, custos e outras informações acerca do desempenho do projeto. Os gerentes de riscos/projetos, nesses casos, podem antecipar decisões importantes que irão impactar os resultados pretendidos.

Quanto à documentação dos riscos de um projeto, é preciso entender as necessidades relativas ao sistema de gerenciamento de conhecimento da organização e as vantagens da utilização futura desse sistema.

Um bom registro de riscos deve conter informações de controle que enriqueçam o sistema de gerenciamento de conhecimento. Assim, novos projetos, para serem melhor gerenciados, podem acessar a base de dados de conhecimento da organização e obter informações sobre:

- ameaças e oportunidades que ocorreram em projetos anteriores, quando ocorreram, quanto custou seu gerenciamento, quais foram os benefícios financeiros e/ou problemas encontrados;
- eventos incertos que não ocorreram e quais foram as respectivas causas – essa informação poderá mostrar aos gerentes de futuros projetos que certos grupos de riscos precisam ser reavaliados;
- eventos de riscos que foram identificados no decorrer do projeto e não havia previsão gerencial para tratá-los – essa informação pode ser muito rica para projetos futuros, abrindo perspectivas interessantes do ponto de vista de gerenciamento;
- consumo das reservas – alguns indicadores podem ser úteis nas estimativas de futuras reservas para serem consumidas com os riscos de projetos;
- tratamento dos riscos residuais – essa informação mostra o impacto dos riscos residuais no orçamento e, efetivamente, ajudará os gerentes de novos projetos na estimativa em casos semelhantes;
- avaliação final do gerente de projetos quanto à eficiência do gerenciamento de riscos – pode ser compartilhada, predominantemente, com a visão de outros *stakeholders*, clientes e patrocinadores;
- eficácia das respostas aos riscos – após o fechamento do projeto, a equipe poderá gerar indicadores de desempenho que mostrem como ele foi impactado pelos eventos de riscos;
- gatilhos e sua eficiência na informação sobre sinais de ocorrência de riscos, entre outras informações.

As informações a respeito do desenvolvimento de gerenciamento de riscos em projetos podem ser obtidas, também, por meio de técnicas de entrevistas através das quais os gerentes de projetos/riscos registram as falhas e as oportunidades não reconhecidas (Dikmen e colaboradores, 2008). Esse procedimento, em geral não encontrado nos principais manuais de gerenciamento de risco, pode enriquecer o banco de dados da organização. Na verdade, trata-se de uma investigação direta para captar a opinião dos *stakeholders* durante o projeto, no que diz respeito ao seu posicionamento frente aos riscos. O gerenciamento, nesse sentido, é ampliado e o banco de dados mostrará, aos futuros gestores, como é possível aprender com os riscos.

As evidências da falta de uso das técnicas e ferramentas de planejamento e controle de riscos são mais notáveis nos acidentes de projetos do que nas oportunidades. Muitas vezes, um bom plano de respostas poderia evitar acidentes em obras.

No Brasil, o Ministério de Integração Nacional lançou, em 2012, a ampliação do Centro Nacional de Riscos e Desastres, com investimentos da ordem de R$ 40 milhões. Examinando as bases estruturais do centro, é possível identificar elementos dos processos de gerenciamento de riscos vistos neste capítulo – planejamento de respostas e controle. Segundo informações do Ministério de Integração Nacional, quatro eixos de atuação compõem o modelo de gerenciamento de riscos: (a) prevenção – obras estruturantes, como drenagens e contenção de encostas; (b) mapeamento das principais áreas de risco do Brasil; (c) respostas aos eventos de riscos mais ágeis; e (d) sistema de monitoramento e alerta – estruturado com ampliação de salas de acompanhamento capazes de fazer previsões de ocorrências e alertas.

O centro foi criado, evidentemente, para responder aos riscos associados ao grande número de desastres naturais que o país sofre anualmente por causa das chuvas. No entanto, ele só será efetivo quando conseguir, além de planejar as respostas, fazer controle constante da evolução e involução dos eventos.

Outra fonte de exemplos de planejamento de respostas e controle são as empresas espaciais. No Brasil, um caso enigmático foi a explosão de um lançador de foguetes em Alcântara, no Maranhão. Em agosto de 2003, o protótipo do veículo lançador de satélite (VLS-1 V03) foi destruído por um incêndio durante os preparativos para o lançamento. Esse caso evidencia que houve problema na mudança do sequenciamento das atividades do cronograma. A análise desse caso, no entanto, não evitou as mortes em decorrência dos impactos dos eventos.

Como foi possível ver, o processo de controle de riscos, além de efetivar o gerenciamento, amplia o universo de informações do projeto, trazendo vários benefícios aos *stakeholders*. Em suma, os benefícios desse tipo de controle podem ser assim delineados:

- minimizar os impactos que os riscos negativos possam ter sobre o projeto e maximizar os impactos dos riscos positivos, por meio da implantação do planejamento de respostas;
- informar os *stakeholders* sobre o andamento do projeto, no que diz respeito às ações de risco e suas implicações futuras;
- deixar explícitas as necessidades de realimentação do processo de gerenciamento. O processo de controle de risco implica, muitas vezes, acionar novas medidas de planejamento, seja no âmbito do projeto ou apenas do gerenciamento de riscos do mesmo;
- mostrar o envolvimento da equipe de projeto no gerenciamento dos eventos de risco;
- administrar os fundos de reservas, tanto de contingência quanto gerencial.

Este capítulo mostrou como é possível definir alternativas de respostas aos riscos em projetos e como monitorar a implantação das mesmas. Mostrou também que as respostas são decorrentes do resultado da avaliação dos eventos de risco, envolvendo medidas de impacto e probabilidade. Como os riscos podem ser classificados em riscos de oportunidade e de ameaça, as respostas, para serem eficazes, têm de levar em conta tal classificação.

As respostas aos riscos, em sua maioria, requerem ações e, portanto, precisam de recursos. Nesse sentido, um plano de respostas foi apresentado e as informações que fazem parte dele foram discutidas.

Por fim, foi apresentado o modo como os procedimentos de controle devem ser realizados durante o desenvolvimento de um projeto, discutindo-se os principais aspectos gerenciais envolvidos.

Sabe-se, no entanto, das dificuldades que os gerentes de projetos ou de riscos enfrentam em administrar os processos vistos neste capítulo. Trata-se de barreiras existentes nas organizações, mormente naquelas que não se preocupam com o desenvolvimento de uma cultura de gerenciamento de riscos em projetos. Mesmo assim, acreditamos que os gerentes de projetos e os gerentes de riscos possam desenvolver planos de respostas aos riscos e administrar e controlar sua implantação, pois só assim será possível implementar, efetivamente, o gerenciamento de riscos em projetos.

Conclusão

Chegamos ao final do livro, caro leitor. É importante que possamos tirar algumas conclusões dessa viagem feita ao fabuloso e instigante mundo do gerenciamento de riscos em projetos.

Como vimos, o risco faz parte da nossa existência e, portanto, de qualquer projeto também. Seja por motivos tecnológicos, sociais, políticos, econômicos ou ambientais, não há como evitarmos riscos externos que podem afetar profundamente – para o bem ou para o mal – o nosso projeto. Ademais, as condições internas das organizações responsáveis pelo projeto, assim como seus *stakeholders*, também podem gerar situações de risco – entendidas como oportunidades ou ameaças. Por fim, as próprias características inerentes aos processos de gerenciamento podem se desviar bastante daquilo que foi previsto no plano do projeto.

Como o leitor pode perceber, são tantas as variáveis sobre as quais não temos nenhum controle e que podem afetar um projeto, que gerenciá-lo sem nenhuma abordagem relativa aos riscos que podem afetá-lo é como saltar de um avião sem saber se estamos ou não vestidos com paraquedas, ou mesmo pilotar um avião sem ter acesso a nenhum instrumento e, portanto, a nenhuma medida associada ao voo em questão.

No entanto, como visto nos capítulos anteriores, apesar de todas essas questões, a maturidade das empresas projetistas em gerenciamento de riscos é ainda muito baixa – quando muito, um coeficiente de segurança (ou de ignorância) é aplicado sobre os valores-base do projeto, de modo a mitigar os possíveis riscos não identificados, analisados e para os quais nenhuma resposta foi prevista, nem nenhuma estratégia de controle e monitoramento ao longo do ciclo de vida do projeto foi traçada. Por que isso? Vejamos:

- um gerenciamento de riscos adequado custa dinheiro, na forma de horas gastas, recursos materiais, novos processos etc. Como a maioria dos projetos trabalha com uma visão dicotômica e equivocada de barato *versus* caro – em vez de taxa interna de retorno –, o gerenciamento de riscos é considerado algo supérfluo;
- não há uma adequada massa crítica de profissionais que demostrem um profundo domínio das técnicas de gerenciamento de riscos, de modo que possam ser empregados nos projetos em curso. Criou-se um modelo mental de que projeto é, principalmente, escopo, tempo, custo e qualidade. As demais áreas de conhecimento continuam sendo vistas como secundárias;
- impera, ainda, uma visão de curto prazo em projetos. Assim, ações que visem prever, antecipar e mitigar eventos que possam ou não ocorrer em prazos distantes são, geralmente, descartadas pela alta direção das organizações.

Em vista disso, é fundamental e urgente desenvolver capacitação em gerenciamento de riscos em projetos. Num mundo como o de hoje, em que eficiência, eficácia e efetividade são buscadas por organizações públicas e privadas, jogar dinheiro pela janela com o fracasso de empreendimentos é algo, no mínimo, não inteligente.

Não obstante constatarmos que muitas empresas têm uma maturidade muito baixa em gerenciamento de riscos em projetos, outras estão acompanhando o estado da arte. Para estas listamos, a seguir, as principais tendências em gerenciamento de riscos em projetos a serem trilhadas nos próximos anos:

- projeto nada tem de determinístico, isto é, tudo em um projeto e no seu gerenciamento é probabilístico. A tendência, pois, é que usemos, crescentemente, estatísticas, probabilidades e simulações no gerenciamento de projetos. Os cronogramas terão suas folgas definidas por distribuições de probabilidade, os orçamentos-base não mais serão compostos de um único valor determinado etc. Cada vez mais passaremos a usar simulações de Monte Carlo associadas a cada vez mais adequadas curvas de distribuição de probabilidade, pela facilidade que hoje temos de acesso a recursos computacionais;
- embora haja metodologias para gerenciamento de riscos em projetos, como a do *PMBOK®* (PMI, 2013), estas se baseiam muito mais em riscos do que em incertezas. Vimos que todo risco é uma incerteza, embora a recíproca nem sempre seja verdadeira. Por outro lado, procuramos argumentar que há incertezas as quais sequer sabemos que existem – os *unknown unknowns* (ver capítulo 1) –, mas que podem afetar, positiva ou negativamente, os resultados dos projetos. Sendo assim, vários autores apontam para a transformação do gerenciamento de riscos em gerenciamento de incertezas (Perminova, Gustafsson e Wikström, 2008), isto é, teremos cada vez mais de conviver com eventos que sequer sabemos que podem ocorrer. Os projetos, portanto, deverão ter um alto grau de flexibilidade para lidar com o imprevisto, o que vai na contramão de metodologias rígidas e prescritivas como

as que hoje existem e são largamente aplicadas (De Meyer, Loch e Pich, 2002);

- os projetos se tornam cada vez mais complexos, isto é, complexidade de projetos passa a ser uma nova área de conhecimento (Bosch-Rekveldt et al., 2011). Assim, torna-se necessário desenvolver modelos para avaliar o nível de complexidade dos empreendimentos e como tal nível afeta o gerenciamento dos mesmos. Nessa mesma linha, precisaremos definir as competências que um gerente precisa ter para conduzir um projeto de alta complexidade;
- finalmente, precisaremos atentar para o fato de que, cada vez mais, partes dos empreendimentos são terceirizadas para empresas situadas em qualquer parte do mundo. Assim, saber como coordenar esta terceirização, por meio de acordos de nível de serviço e indicadores-chave de performance, será cada vez mais um desafio no gerenciamento de projetos distribuídos, o que, naturalmente, afetará o nível de risco a que estão submetidos.

Como se pode ver, há grandes desafios à frente para a área de conhecimento em gerenciamento de riscos, sem falar também na enorme e crescente ligação entre risco e tomada de decisão, e entre risco e gestão da informação (Fortes, 2011). Um gerente de projetos tem como sua principal atividade tomar decisões, o que implica riscos que podem levá-lo à paralisia. Por outro lado, o gerente, para decidir, necessita de informações, que superabundam no mundo de hoje sem que saibamos extrair a relevância das mesmas, de modo a transformá-las em conhecimento e ação.

Como se pode perceber, a tecnologia da informação e a internet, principalmente, mudaram o patamar de importância do gerenciamento de riscos em projetos, ligando-o, cada vez mais, à área de patologia de projetos, isto é, ao estudo das causas de acidentes de percurso (ver Perrow, 1984).

Assim, podemos reclamar de tudo no gerenciamento de riscos em projetos, menos de monotonia e falta de emoções, que hoje nos cercam e que crescerão nos anos vindouros.

Esperamos, finalmente, que essa viagem ao intrigante mundo do gerenciamento de riscos em projetos tenha despertado o interesse do leitor para um maior aprofundamento em uma área que ainda se encontra em sua primeira infância.

Referências

ADLER, N. J. *International dimensions of organizational behavior*. Cincinnati, OH: South Western, 2002.

AKINTOYE, A. S.; MAC LEOD, M. J. Risk analysis and management in construction. *International Journal of Project Management*, v. 15, n. 1, p. 31-38, 1997.

ALENCAR, Antonio; SCHMITZ, Eber. *Análise de risco em gerência de projetos*. Rio de Janeiro: Brasport, 2005.

ANSOFF, H. I. *A nova estratégia empresarial*. São Paulo: Atlas, 1990.

ASSOCIAÇÃO BRASILEIRA DE NORMAS TÉCNICAS (ABNT). *NBR ISO 10006*. Gestão da qualidade – diretrizes para a qualidade no gerenciamento de projetos. Rio de Janeiro: ABNT, 2006.

ASSOCIATION FOR PROJECT MANAGEMENT (APM). *APM body of knowledge*. 6. ed. Bucks: APM, 2012.

BERNSTEIN, P. L. *Desafio aos deuses*: a fascinante história do risco. São Paulo: Elsevier/Campus, 1997.

BOEHM, B. W. Software risk management: principles and practices. *IEEE Software*, v. 8, n. 1, p. 32-41, 1991.

BOSCH-REKVELDT, M. et al. Grasping project complexity in large engineering projects: The TOE (technical, organizational and environmental) framework. *International Journal of Project Management*, v. 29, n. 6, p. 728-739, 2011.

CARVALHO, M. M.; RABECHINI JR., R. *Fundamentos em gerenciamento de projetos*: construindo competências para gerenciar projetos. 3. ed. São Paulo: Atlas, 2011.

CLELAND, D. I.; IRELAND, L. R. *Gerenciamento de projetos*. 2. ed. Rio de Janeiro: LTC, 2007.

DAYCHOUM, M. *40 ferramentas e técnicas de gerenciamento*. Rio de Janeiro: Brasport, 2007.

DE CAMPRIEU, R.; JACQUES, D.; YANG, F. Cultural differences in project risk perception: an empirical comparison of China and Canada. *International Journal of Project Management*, v. 25, n. 7, p. 683-693, 2007.

DE MEYER, A.; LOCH, C. H.; PICH, M. T. Managing project uncertainty: from variation to chaos. *Sloan Management Review*, v. 43, n. 2, p. 59-68, 2002.

DIKMEN, I. et al. Learning from risks: a tool for post-project risk assessment. *Automation in Construction*, v. 18, p. 42-50, 2008.

DOWIE, J. Against risk. *Risk, Decision and Policy*, v. 4, n. 1, p. 57, 1999.

FORTES, F. S. D. *Influência do gerenciamento de riscos no processo decisório*: análise de casos. 2011. 145 f. Dissertação (mestrado) – Departamento de Engenharia Naval e Oceânica/Escola Politécnica da Universidade de São Paulo, São Paulo, 2011.

GOLDBERG, M.; WEBER, C. *Evaluation of the risk analysis and cost management (RACM) model*. Washington, D.C.: Institute for Defense Analyses (IDA), 1998. (IDA Paper P-3388.)

GRAY, C. F.; LARSON, E. W. *Gerenciamento de projetos:* o processo gerencial. 4. ed. São Paulo: McGraw-Hill, 2009.

GREAT BRITAIN. Office of Government Commerce. *Managing successful projects with PRINCE 2.* Londres: Central Computers and Telecommunications Agency (CCTA), 2002.

HALL, D.; HULETT, D. *Projeto de riscos universais.* Newton Square: PMI, 2002. (Relatório final sobre riscos universais em projetos, relatório do grupo de riscos do PMI mundial.)

HANDY, C. *The age of unreason.* Cambridge: Harvard Business Review Press, 1989.

HILLSON, D. A. *Managing risks in projects.* Milton Park: Gower, 2009.

______; MURRAY-WEBSTER, R. *Understanding and managing risk attitude.* Aldershot, UK: Gower, 2005.

______; ______. *Understanding and managing risk attitude.* 2. ed. Aldershot: Gower, 2007.

HOLTON, G. A. Defining risk. *Financial Analyst Journal*, v. 60, n. 6, p. 19-25, 2004.

KERZNER, H. *Gestão de projetos:* as melhores práticas. Porto Alegre: Bookman, 2002.

KNIGHT, F. H. *Risk, uncertainty and profit.* Boston, MA: Houghton Mifflin, 1921.

KWAK, Y. H.; LA PLACE, K. S. Examining risk tolerance in project-driven organization. *Technovation*, v. 25, n. 6, p. 691-695, 2005.

LINES, M. S. Aprendendo lições da Apollo 13. *PM Network*, p. 25-27, maio 1996.

LINSTONE, H. A.; TUROFF, M. *The Delphi method*: techniques and applications. Boston, MA: Addison-Wesley, 1975.

MICHAELS, Daniel. Dreamliner mostra que inovação pode virar pesadelo. *Valor Econômico*, p. B9, 25, 26, 27 jan. 2013.

MODARRES, M. *Risk analysis in engineering*: techniques, tools, and trends. Boca Raton: Taylor & Francis Group, 2006.

MODICA, J. E. *Riscos de projetos de docagem de navios petroleiros*. 2009. 121 f. Dissertação (mestrado) – Departamento de Engenharia Naval e Oceânica/Escola Politécnica da Universidade de São Paulo, São Paulo, 2009.

______. et al. Eliciar conhecimento sobre riscos. In: ENCONTRO NACIONAL DE ENGENHARIA DE PRODUÇÃO, 21, 2010, São Carlos, SP. *Anais*... São Carlos, SP: Abepro, 2010.

OXFORD ENGLISH DICTIONARY. Oxford: Oxford University Press, 1989.

PERMINOVA O.; GUSTAFSSON, M.; WIKSTRÖM, K. Defining uncertainty in projects: a new perspective. *International Journal of Project Management*, v. 26, n. 1, p. 73-79, 2008.

PERROW, C. *Normal accidents*: living with high-risk technologies. Nova York: Basic Books, 1984.

PRITCHARD, C. L. *Risk Management* — Concepts and Guidance, 2. ed. Arlington, Virgínia: ESI international, 2001.

PROJECT MANAGEMENT INSTITUTE (PMI) – Chapters Brasileiros. *Estudo de benchmarking em gerenciamento de projetos Brasil* 2009. Disponível em: <http://api.ning.com/files/nklX 655cItlTZOC *nYwPmFjMcQmAcBjGHaFUG3QEQuzx2*yo woYVncqG4QetU-GUdr3khc4JZgVJNhIEJjKSwF0yaJPW6vuTp/Benchmarking_em_GP_2009__Relatorio_Principal__Perspectiva_Gerala.PDF>. Acesso em: 2 maio 2013.

______. *PMBOK® Guide*: a guide to the project management body of knowledge. 5. ed. Newton Square: PMI, 2013.

RABECHINI JR., R.; CARVALHO, M. M. Os efeitos das práticas de gerenciamento de risco no sucesso de projetos. In: CONGRESO LATINO-IBEROAMERICANO DE GESTIÓN TECNOLÓGICA, 14, 2011, Lima. *Anais*... Lima: Altec, 2011.

RAZ, T.; HILLSON, D. A. comparative review of risk management standards. *Risk Management: An International Journal*, v. 7, n. 4, p. 53-66, 2005.

SALLES JR., Carlos Alberto Corrêa et al. *Gerenciamento de riscos em projetos*. 2. ed. Rio de Janeiro: Editora FGV, 2010.

SAUSER, B. J.; REILLY, R. R.; SHENHAR, A. J. Why projects fail? How contingency theory can provide new insights: a comparative analysis of Nasa's mars climate orbiter loss. *International Journal of Project Management*, v. 27, n. 7, p. 665-679, 2009.

SLOVIC, P. Perception of risk. *Science*, v. 236, n. 4799, p. 280-285, 1987.

SMITH, P. G.; MERRITT, G. M. *Proactive risk management*: controlling uncertainty in product development. Nova York: Productivity Press, 2002.

TVERSKY, A.; KAHNEMAN, D. Judgment under uncertainty: heuristics and biases. *Science*, v. 185, n. 4157, p. 1124-1131, 1974.

______; ______. The framing of decisions and the psychology of choice. *Science*, v. 211, n. 4481, p. 453-458, 1981.

VERZUH, E. *The fast forward MBA in project management*. Nova York: John Wiley & Sons, 1999.

VESPER, J. L. *Risk assessment and risk management in the pharmaceutical industry*: clear and simple. Bethesda, MD: Parenteral Drug Association, 2006.

WARD, S.; CHAPMAN, C. Transforming project risk management into project uncertainty management. *International Journal of Project Management*, v. 21, n. 2, p. 97-105, 2003.

XAVIER, C. M. S. et al. Metordologia do gerenciamento de projetos – Methodware®. Rio de Janeiro: Brasport, 2005.

Os autores

Luiz Antonio Joia

Doutor em ciências em engenharia de produção pela Coppe/UFRJ, mestre em ciências em engenharia civil pela Coppe/UFRJ e engenheiro de fortificação e construção pelo Instituto Militar de Engenharia (IME). Além disso, é M.Sc. em *management studies* pela Oxford University e possui pós-graduação em economia teórica e aplicada pela EPGE/FGV. É professor adjunto da Ebape/FGV e professor associado da Uerj. Foi executivo da Promon Engenharia, Trend Tecnologia Educacional e consultor do Banco Mundial em projetos de uso da tecnologia na educação. É professor convidado do FGV Management.

Alonso Mazini Soler

Doutor em engenharia de produção pela Poli/USP, mestre em estatística pela Unicamp e MBA em finanças empresariais pela FIA/USP. Possui as certificações profissionais PMP (*project management professional*) do PMI e CQE (*certified in quality engineering*) da ASQC. Foi executivo na IBM Brasil e HP Brasil. Escreveu livros e colaborou com a publicação de capítulos em diversas obras, entre as quais se destacam: *Rosalina e o piano*, *Coaching prático*, *AMA handbook of project management* e *Gerenciamento de projetos na prática*. É professor convidado do FGV Management.

Gisele Blak Bernat

Mestre em engenharia civil com ênfase em sistemas de gestão, produção e qualidade pela UFF. *Master certificate in project management* pela ESI & George Washington University e engenheira civil pela UFRJ. Certificada PMP (*project management professional*) desde 2002. Possui MBA executivo em gestão de negócios pelo IBMEC, tendo cursado o Programa Internacional de Desarollo Gerencial pelo Iede (Espanha). Acumula experiência de mais de 15 anos em gerenciamento de projetos de grande porte em notórias organizações, entre elas Odebrecht, Telefónica, Vivo, Sulamérica e Nestlé Purina Pet Care. É coautora de *Capacitação em gerenciamento de projetos* (Brasport, 2004), e professora convidada do FGV Management.

Roque Rabechini Jr.

Doutor em engenharia de produção pela Poli/USP, mestre em administração e pós-doutor pela FEA/USP e engenheiro de produção. É consultor de empresas, especialista em gerenciamento de projetos e editor da revista *Gestão e Projetos*. Autor dos livros *O gerente de projetos na empresa*, *Fundamentos em gestão de projetos: construindo competências para gerenciar projetos* e *Gerenciamento de projetos na prática I e II: casos brasileiros*. É professor convidado do FGV Management.